À plus !
Nouvelle édition
2

Vokabeltaschenbuch

AF217207

Cornelsen

Symbole und Abkürzungen

~   Die Tilde bezeichnet die Lücke, in die du das neue Wort einsetzen sollst.

~¹   Die Fußnote nach der Tilde zeigt dir an, dass du auf die Angleichung des Wortes achten musst.
Die richtige Lösung findest du auf einem grauen Streifen **am Ende jedes *Volets*.**

≠   Hier findest du das Gegenteil des Wortes.

→   Hinter diesem Pfeil findest du ein Wort, das zur gleichen Familie gehört und das du schon gelernt hast.

🏴󠁧󠁢󠁥󠁮󠁧󠁿   Hier siehst du ein englisches Wort, das dem französischen Wort ähnlich ist.

LÖSUNG S. 96   Zu dieser Aufgabe findest du ab Seite 96 die Lösung.

▶ *Civilisation* zeigt dir an, dass du im *Petit dictionnaire de civilisation*, S. 158–161 deines Lehrbuchs, weitere Informationen zu dem Begriff findest.

▶ *Verbes* zeigt dir an, dass du in der *Conjugaison des verbes*, S. 164–167, die Konjugation des Verbs findest.

⁽ê⁾ So gekennzeichnete Verben bilden das *passé composé* mit *être*.

Kursiv gedruckte Wörter sind ergänzender Wortschatz (fakultativ).

f.	*féminin*/feminin (weiblich)	*qc*/etw.	*quelque chose*/etwas	*adj.*	*adjectif*/Adjektiv
m.	*masculin*/maskulin (männlich)	*qn*/jd/jdn/jdm	*quelqu'un*/jemand/	*fam.*	*familier*/umgangs-
sg./Sg.	*singulier*/Singular (Einzahl)		jemanden/jemandem		sprachlich
pl./Pl.	*pluriel*/Plural (Mehrzahl)	*pers.*/Pers.	*personne*/Person	*inf.*	*infinitif*/Infinitiv

Bienvenue! *f.* [bjɛ̃vəny]	Willkommen!	~ chez nous!
Montpellier [mɔ̃pəlje]	*Stadt in Südfrankreich* ▶ *Civilisation, p. 161*	
la vieille ville [lavjɛjvil]	die Altstadt	La ~ de Montpellier est sympa.
la rue piétonne [laʀypjetɔn]	die Fußgängerzone	Il y a beaucoup de restaurants dans la ~.
la place de la Canourgue [laplasdəlakanuʀg]	*historischer Platz in Montpellier*	
jouer de qc [ʒwedə]	spielen (Instrument)	Je ~¹ de la flûte.
l'instrument [lɛ̃stʀymɑ̃] *m.*	das Instrument	La flûte est un ~.
le piano [ləpjano]	das Klavier	Le soir, je fais une heure de ~.
la chorale [lakɔʀal]	der Chor	Dans une ~, on chante.
la natation [lanatasjɔ̃]	Schwimmen *Sportart*	Lisa est très bonne en ~.
le club de natation [ləklœbdənatasjɔ̃]	der Schwimmverein	

le club [ləklœb]	der Verein	Est-ce que tu vas au ~ de foot?
célèbre [selɛbʀ] *m./f. adj.*	berühmt	Le Vieux-Port de Marseille est ~.
Camille Muffat [kamijmyfa]	*französische Schwimmerin* ▶ *Civilisation, p. 158*	
il/elle vient [il/ɛlvjɛ̃]	er/sie kommt *3. Pers. Sg. von* venir	
venir [vəniʀ]	kommen ▶ *Verbes, p. 167*	Tu ~² chez moi mercredi?

Merke:

Elle vient chez sa copine.

Il vient de Rome.

Elle vient à 19 heures.

le cahier de vacances [ləkajedəvakɑ̃s]	das Ferienheft *Heft zum Wiederholen von Lernstoff*	Les ~³, ce sont des devoirs de vacances mais ça reste sympa!
la place de la Comédie [laplasdəlakɔmedi]	*beliebter Platz in Montpellier*	
douze ans et demi [duzɑ̃edəmi]	zwölfeinhalb (Jahre)	– Tu as quel âge? – J'ai ~.
Djerba [dʒɛʀba]	*tunesische Insel*	

la Tunisie [latynizi]	Tunesien ▶ *Civilisation, p. 161*	Bilal va passer ses vacances dans sa famille en ~.
être né/née (à/le) [ɛtʀne]	geboren sein (in/am)	Lisa est ~[4] le 21 juin.
Antigone [ɑ̃tigɔn]	*Viertel in Montpellier* ▶ *Civilisation, p. 159*	
la physique [lafizik]	die Physik	Notre prof de ~ est génial!
jouer à qc [ʒwea]	etw. spielen *ein Spiel oder Ballsportarten wie Fußball, Handball, Tennis ...*	J'adore ~ au foot.

❗ Unterscheide:

jouer **à** qc = ein Spiel spielen
jouer **de** qc = ein Instrument spielen

le ping-pong [ləpiŋpɔ̃g]	Tischtennis *Sportart*	Dans le parc, il y a des tables de ~.
le handball [ləɑ̃dbal]	Handball *Sportart*	Bilal est dans un club de ~.
William Accambray [ɥiljamakɑ̃mbʀɛ]	*französischer Handballspieler* ▶ *Civilisation, p. 158*	
au bord de [obɔʀdə]	am Ufer von	Il habite ~ d'un lac.

Hörtext

Rome [ʀɔm]	Rom *Hauptstadt Italiens*	
le beach-volley [ləbitʃvɔlɛ]	Beach-Volleyball *Sportart*	En été, Bilal et ses copains font du ~ sur la plage.
l'accordéon [lakɔʀdeɔ̃] *m.*	das Akkordeon	L'~ est un instrument.
Bruxelles [bʀysɛl]	Brüssel *Hauptstadt Belgiens* ▸ *Civilisation, p.159*	À ~, on parle aussi français.
depuis [dəpɥi]	seit, seitdem	Lisa va au club de natation ~ trois ans, Lara ~ mai.

1 joue 2 viens 3 cahiers de vacances 4 née

Unité 1 | Volet 2

qui [ki]	der, die, das *Relativpronomen, immer Subjekt des Relativsatzes*	Nathan et Bilal sont deux garçons ~ habitent à Montpellier.
attirer qn [atiʀe]	jdn anziehen, anlocken	La journée portes ouvertes du collège ~¹ beaucoup de monde.

moderne [mɔdɛʀn] *m./f. adj.* 🇬🇧 modern	modern	J'aime avoir des choses ~² dans ma chambre.
branché/branchée [bʀɑ̃ʃe] *adj. fam.* ≠ nul/nulle	angesagt	Il y a un bar à jus de fruits ~³ près de chez moi.
les gens [leʒɑ̃] *m. pl.*	die Leute	Je ne comprends pas les ~ qui arrivent en retard au ciné.
sortir [sɔʀtiʀ]	hinausgehen, ausgehen ▶ *Verbes, p.165*	Pour ~, Montpellier c'est génial!
le festival [ləfɛstival] 🇬🇧 festival	das Festival	Le ~ de danse de Montpellier est célèbre.
que [kə]	den, die, das *Relativpronomen,* *immer Objekt des Relativsatzes*	Nathan aime bien la musique ~ son frère écoute.
le musée Fabre [ləmyzefabʀ]	*Museum für bildende Kunst in* *Montpellier*	
proposer qc (à qn) [pʀɔpoze]	(jdm) etw. vorschlagen, anbieten	Le restaurant ~⁴ des plats pas chers et très bons.
l'exposition [lɛkspozisjɔ̃] *f.*	die Ausstellung	Qu'est-ce qu'il y a comme ~⁵ en ce moment?

le planétarium [ləplanetaʀjɔm]	das Planetarium	Le ~ est ouvert de 14 h à 18 h 30.
fantastique [fɑ̃tastik] *m./f. adj.*	fantastisch, großartig	Le planétarium est ~.
l'étoile [letwal] *f.*	der Stern	La nuit, on peut regarder les ~[6].
l'aquarium [lakwaʀjɔm] *m.*	das Aquarium	J'ai un ~ avec trois poissons et une tortue dans ma chambre!
voir [vwaʀ]	sehen ▶ *Verbes, p.167*	Je ~[7] quelque chose que tu ne ~[8] pas et c'est noir.
magnifique [maɲifik] *m./f. adj.*	wunderschön	Zoé fait des photos ~[9].
dehors [dəɔʀ]	draußen	Allons jouer ~, il fait beau!
par exemple / p. ex. [paʀɛgzɑ̃pl] 🇬🇧 for example	zum Beispiel, z. B.	– Qu'est-ce qu'on peut faire à Montpellier? – On peut visiter l'aquarium Mare Nostrum ~.
l'exemple [lɛgzɑ̃pl] *m.*	das Beispiel	C'est un bon ~.
la terrasse [lateʀas]	die Terrasse	Quand il fait beau, les ~[10] des cafés sont ouvertes.
pour + *inf.* [puʀ]	um ... zu + *Inf.*	Il va au cinéma ~ voir un film.

prendre qc [pʀɑ̃dʀkɛlkəʃoz]	etw. zu sich nehmen	Quand on a soif, on va au café pour ~ quelque chose.
quelque chose [kɛlkəʃoz]	etwas	Zoé veut préparer ~ pour l'anniversaire de sa mère.
le shopping [ləʃɔpiŋ]	der Einkaufsbummel	J'adore faire du ~.
idéal/idéale [ideal] *adj.* ≠ nul/nulle	ideal	L'été est ~[11] pour visiter Montpelle.
parfois [paʀfwa] ≠ souvent	manchmal	Zoé et Lisa vont ~ à la piscine ensemble.
le Polygone [ləpoligɔn]	*Einkaufszentrum in Montpellier*	
je pars [ʒəpaʀ]	ich fahre weg, ich gehe los *1. Pers. Sg. von* partir	
partir [paʀtiʀ]	wegfahren, losgehen *wird wie* sortir *konjugiert* ▶ *Verbes, p. 165*	Est-ce que tu ~[12] à Rome pendant les vacances?
Carnon [kaʀnɔ̃]	*Badeort am Mittelmeer bei Montpellier* ▶ *Civilisation, p. 160*	
quelque chose se trouve [kɛlkəʃozsətʀuv]	etw. befindet sich/liegt	

la région [laʁeʒjɔ̃]	die Gegend	L'Alsace est une ~ de France.
la mer Méditérranée [lamɛʁmediteʁane]	das Mittelmeer	J'adore ~!
les Cévennes [lesevɛn] *f. pl.*	die Cevennen *Mittelgebirge im Süden Frankreichs* ▶ Civilisation, p. 160	
partir en week-end [paʁtiʁɑ̃wikɛnd]	ins Wochenende fahren	Lisa ~¹³ chez ses grands-parents.
la Camargue [lakamaʁg]	*Naturschutzgebiet an der Mündung der Rhône* ▶ Civilisation, p. 159	
partir en randonnée [paʁtiʁɑ̃ʁɑ̃dɔne]	wandern gehen	La classe de 5e B ~¹⁴ en randonnée dans les Pyrénées.
Palavas-les-Flots [palavasleflo]	*Stadt und beliebter Badeort am Mittelmeer südlich von Montpellier* ▶ Civilisation, p. 161	

1 attire   2 modernes   3 branché   4 propose   5 expositions   6 étoiles   7 vois   8 vois   9 magnifiques   10 terrasses   11 idéal   12 pars   13 part   14 part

Le français en classe

Das Modul kann früher behandelt werden. Nach *Unité* 1 wird der Wortschatz als bekannt vorausgesetzt.

corriger qc [kɔʀiʒe]	etw. korrigieren, berichtigen	Les profs ~[1] les interros.
J'ai oublié quelque chose. [ʒɛublijekɛlkəʃoz]	Ich habe etwas vergessen.	Zut! ~.
Je n'ai pas compris. [ʒənɛpakɔ̃pʀi]	Ich habe (es) nicht verstanden.	~ le texte.
J'ai fait un autre exercice. [ʒɛfɛɛ̃notʀɛgzɛʀsis]	Ich habe eine andere Übung gemacht.	– On va corriger les devoirs. – Monsieur, ~.
autre [otʀ] *m./f. adj.*	anderer/andere/anderes *Das Adjektiv* autre *steht immer vor dem Nomen.*	– Je n'aime pas ce film. – Alors on regarde un ~ film.
Qu'est-ce que tu as écrit? [kɛskətyaekʀi]	Was hast du hier geschrieben?	– ~? – Rien. Je n'ai pas compris l'exercice.
J'ai écrit autre chose. [ʒɛekʀiotʀʃoz]	Ich habe etwas anderes geschrieben.	– J'ai la bonne réponse! – Moi non, ~.
lire [liʀ]	lesen ▸ *Verbes, p. 166*	Est-ce que vous aimez ~?
la fois / ⚠ les fois [lafwa/lefwa]	das Mal	Écoutez le texte deux ~.

mettre le son plus fort [mɛtrləsɔ̃plyfɔr]	den Ton lauter stellen	– Madame, je n'entends pas la musique. – Je vais ~.
la feuille [lafœj]	das Blatt	Est-ce que tu as une ~ pour moi?
le numéro [lənymero]	die Nummer	Tu me donnes ton ~ de téléphone?
C'est à quelle page? [sɛtakɛlpaʒ]	Auf welcher Seite ist/steht das?	
C'est à la page 25. [sɛtalapaʒvɛ̃tsɛ̃k]	Das ist/steht auf Seite 25.	– C'est à quelle page? – ~.
en silence [ɑ̃silɑ̃s]	still	Maintenant, vous allez travailler ~.
Qu'est-ce qu'il faut faire? [kɛskilfofɛr]	Was sollen wir machen?	– ~? – Lire le texte et répondre aux questions.
expliquer qc [ɛksplike]	etw. erklären	La prof ~² l'exercice.
la tâche [lataʃ]	die Aufgabe, die Arbeit	Je fais la ~ B, et toi?
différent/différente [diferɑ̃/diferɑ̃t] *adj.*	anderer/andere/anderes *hier:* anders	On a des profs très ~³.
Vous avez fini? [vuzavefini]	Seid ihr fertig?	– ~? – Non, pas encore.
la minute [laminyt]	die Minute	On commence dans cinq ~⁴.
Je n'ai pas fini! [ʒənɛpafini]	Ich bin noch nicht fertig!	– Bon, on y va? – Non, ~!

C'est à qui? [sεtaki]	Wer ist dran?	– ~? – Je ne sais pas.
C'est à moi. [sεtamwa]	Ich bin dran.	– C'est à qui? – ~.
C'est à ... [sεta]	... ist dran.	– C'est à qui? – ~ Marion.
apprendre qc [apʀɑ̃dʀ]	etw. lernen *wird wie* prendre *konjugiert* ▶ Verbes, p.167	Il ~[5] l'allemand.

Au collège, on apprend **le** français, **l'**allemand et **l'**anglais.
In der Schule lernen wir Französisch, Deutsch und Englisch.

Merke: Du verwendest vor *français,* und *anglais* den bestimmten Artikel, wenn du von den Schulfächern sprichst.

Aber: *parler français/anglais/allemand*

le vocabulaire [ləvɔkabylεʀ]	das Vokabular, der Wortschatz	Apprenez le ~ de l'unité 2.
l'unité [lynite] *f.* 🇬🇧 unit	die Lektion	Notez le vocabulaire de l'~ 2 dans vos cahiers.
prochain/prochaine [pʀɔʃɛ̃/pʀɔʃεn] *adj.*	nächster/nächste/nächstes	Le week-end ~, je vais à Strasbourg.

1 corrigent **2** explique **3** différents **4** minutes **5** apprend

LÖSUNG
S. 96

1 Qu'est-ce qui va ensemble? Complète.

jouer			Rome
venir	à		natation
être né	de		ping-pong
partir	en		week-end
faire			accordéon
			randonnée

à
– _jouer au ping-pong_
– _____
– _____
– _____

de
– _____
– _____
– _____
– _____

en
– _____
– _____
– _____

2 À toi. Complète le texte avec les mots de l'Unité 1.

Montpellier est une ville qui _a_ _ _ _ _ _ _ _ beaucoup de touristes. Elle est _b_ _ _ _ _ _ _ _ _c_ _ _ _ _ et en été, on voit beaucoup de monde _d_ _ _ _ _ _ _ _ , sur les _ _e_ _ _ _ _ _ _ _ _ _ _ des _ _ _f_ _ _ _ . Les _g_ _ _ _ _ _ aiment aussi faire du _ _h_ _ _ _ _ _ _ _ _ dans les petites rues de la _ _i_ _ _ _ _ _ _ ville. C'est une ville _ _ _ _ _ _ _l_ _ pour les balades à pied. Et le soir, quand on veut _ _ _ _ _t_ _ _ _ , c'est _ _ _ _g_ _ _ _ _ _ _ _ aussi!

LÖSUNG S. 96

3 Qu'est-ce que les élèves pensent? Écris les phrases en français.

Bin ich dran? **1**

Ich habe die Übung nicht beendet! **2**

Wir haben das Buch vergessen! **3**

Wir haben etwas anderes geschrieben! **4**

1. _____

2. _____

3. _____

4. _____

Unité 2 | Volet 1

le temps libre [lətãlibʀ]	die Freizeit	Entre l'école et les devoirs, il n'y a plus beaucoup de ~!
libre [libʀ] *m./f. adj.*	frei	Est-ce que tu es ~ demain?
dessiner qc [desine]	etw. zeichnen	Zoé aime aussi ~ des mangas.
hier [jɛʀ]	gestern	
terminé [tɛʀmine]	beendet *Partizip Perfekt von* terminer ▸ *Verbes, p. 164*	
terminer qc [tɛʀmine]	etw. beenden	~¹ d'abord tes devoirs, après tu peux sortir.
entre [ãtʀ]	*hier:* unter	On a dansé chez moi , ~ amis.
le sandwich [ləsãdwitʃ] 🇬🇧 sandwich	das Sandwich	Les ~², c'est pratique et on peut les manger partout.
le pique-nique [ləpiknik]	das Picknick	Qui fait quoi pour le ~?
fait [fɛ]	gemacht *Partizip Perfekt von* faire ▸ *Verbes, p. 166*	Qu'est-ce que tu as ~ hier?

ne ... jamais [nə...ʒamɛ] ≠ toujours	nie	Il y a des élèves qui ~ vont ~³ au CDI.
énerver qn [enɛʀve]	jdn ärgern	Tu m'~⁴!
enfin [ɑ̃fɛ̃]	endlich *auch:* schließlich	~ un moment tranquille!
Allez! [ale]	Los!	~, on y va!
on descend [ɔ̃desɑ̃]	wir gehen hinunter *3. Pers. Sg. von* descendre	
descendre [desɑ̃dʀ]	hinuntergehen *wird wie* attendre *konjugiert* ▶ Verbes, p.165	~⁵ et viens ouvrir la porte, s'il te plaît, je n'ai pas mes clés!
raconter qc [ʀakɔ̃te]	etw. erzählen	~⁶ vos vacances.
oublier qc [ublije]	etw. vergessen	J'ai ~⁷ mon cahier d'exercices à la maison.
ne ... rien [nə...ʀjɛ̃]	nichts	Je ~ comprends ~⁸ en anglais. C'est l'horreur!
entrer [ɑ̃tʀe]	hineingehen, etw. betreten	Le prof ~⁹ dans la salle.

---

1 Termine   2 sandwichs   3 ne vont jamais   4 énerves   5 Descends   6 Racontez   7 oublié
8 ne comprends rien   9 entre

Unité 2 | Volet 2

le journal [ləʒuʀnal] → le jour	*hier:* das Tagebuch *auch:* die Zeitung	Dans le ~ de Zoé, il y a des dessins et des photos aussi.
d'habitude [dabityd]	normalerweise	~, Bilal va au handball le mercredi.
Minerve [minɛʀv]	*malerisches Dorf in der Region Languedoc-Roussillon*	
été [ete]	gewesen *Partizip Perfekt von* être ▶ *Verbes, p. 164*	Jusqu'à maintenant j'ai ~ sympa avec toi, mais là, tu m'énerves.
malade [malad] *m./f. adj.*	krank	Léa ne vient pas, elle est ~.
ranger qc [ʀɑ̃ʒe]	etw. aufräumen	~¹ vos affaires, s'il vous plaît.
je dois [ʒədwa]	ich muss *1. Pers. Sg. von* devoir	
devoir [dəvwaʀ]	müssen ▶ *Verbes, p. 166*	Il est tard, je ~² rentrer.
tous les samedis [tulesamdi]	jeden Samstag	~, on prépare un gâteau.
le sac [ləsak]	die Tasche	Prends ton ~ de sport!
midi [midi]	zwölf Uhr mittags	

^(è) **parti** [paʀti]	*hier:* gegangen/gefahren *Partizip Perfekt von* partir ▸ *Verbes, p. 165*	Il est ~ à cinq heures.
^(è) **allé** [ale]	gegangen, gefahren *Partizip Perfekt von* aller ▸ *Verbes, p. 166*	Hier Zoé et Lisa sont ~[3] au cinéma.
rencontrer qn [ʀɑ̃kɔ̃tʀe]	jdm begegnen, jdn treffen, sich mit jdm treffen	Karim a ~[4] sa copine hier.
^(è) **venu** [vəny]	gekommen *Partizip Perfekt von* venir ▸ *Verbes, p. 167*	Lisa n'est pas ~[5] en classe aujourd'hui.
le citron [ləsitʀɔ̃]	die Zitrone	Il y a beaucoup de vitamine C dans les ~[6].
la catastrophe [lakatastʀɔf]	die Katastrophe	C'est une ~, tout le monde a faim et Arthur ne trouve pas les sandwichs.
le pic Saint-Loup [ləpiksɛ̃lu]	*Berg in der Region Languedoc-Roussillon* ▸ *Civilisation, p. 161*	
le repas [ləʀəpa]	das Essen, die Mahlzeit	Pendant le ~ du soir, Bilal et sa famille parlent de leur journée.
le film [ləfilm]	der Film	Il y a un ~ au cinéma que je voudrais voir.

dormi [dɔʀmi]	geschlafen *Partizip Perfekt von* dormir	
dormir [dɔʀmiʀ]	schlafen *wird wie* sortir *konjugiert* ▶ Verbes, p.165	Le dimanche, je ~⁷ jusqu'a dix heures.
longtemps [lɔ̃tɑ̃]	lange *zeitlich*	Il ne vient plus au foot depuis ~.
c'était trop tard [setɛtʀotaʀ]	es war zu spät	~ pour faire une photo, alors j'ai acheté une carte postale.
à propos [apʀɔpo]	übrigens, apropos	– C'est bientôt les vacances! – ~, vous partez loin?
déjà [deʒa]	schon, bereits	Vite, la visite a ~ commencé!
fatigué/fatiguée [fatige] *adj.*	müde	Nathan n'a pas beaucoup dormi, alors il est ~⁸ en cours.
la fin [lafɛ̃] → enfin	das Ende	Raconte la ~ du livre, s'il te plaît!

1 Rangez 2 dois 3 allées 4 rencontré 5 venue 6 citrons 7 dors 8 fatigué

l'aventure [lavãtyʀ] *f.*	das Abenteuer	Les ~¹ de Tintin et Milou sont des bédés célèbres.
incroyable [ɛ̃kʀwajabl] *m./f. adj.*	unglaublich	J'ai passé une semaine ~!
pu [py]	gekonnt *Partizip Perfekt von* pouvoir ▸ *Verbes, p.166*	Je n'ai pas ~ acheter un cadeau, mais j'ai fait un gâteau!
voulu [vuly]	gewollt *Partizip Perfekt von* vouloir ▸ *Verbes, p.167*	Qu'est-ce que tu as ~ dire?
rendez-vous + *Zeit/Ort* [ʀãdevu]	wir treffen uns in/im/am ...	~ dans deux heures, d'accord?
le rendez-vous [ləʀãdevu]	die Verabredung, der Termin	J'ai (un) ~ à cinq heures.
la voiture [lavwatyʀ]	der Wagen, das Auto	On ne peut pas aller en ~ dans le centre-ville.
vu [vy]	gesehen *Partizip Perfekt von* voir ▸ *Verbes, p.167*	Vous avez déjà ~ une tortue jouer avec un hamster?
le taureau / ⚠ **les taureaux** [lətɔʀo/letɔʀo]	der Stier	Pour voir des ~² dans la nature, allez en Camargue!
le champ [ləʃã]	das Feld	Les ~³ sont magnifiques en été.

eu [y]	gehabt *Partizip Perfekt von* avoir ▸ *Verbes, p.164*	Mathieu a ~ des problèmes en maths, mais maintenant, ça va.
idiot/idiote [idjo/idjɔt] *adj. fam.*	blöd	La chanson est ~[4].
photographier qn/qc [fɔtɔgʀafje] → la photo	jdn/etw. fotografieren	Zoé aime ~ les animaux.
le toréro [lətɔʀero]	der Torero	Le ~ raconte son aventure avec le grand taureau noir.
tout à coup [tutaku]	plötzlich	~, la prof est entrée.
[(ê)] **tomber** [tɔ̃be]	fallen, hinfallen	Les biscuits sont ~[5] du paquet et le chien a tout mangé.
[(ê)] **venir droit sur qn** [vəniʀdʀwasyʀ]	direkt auf jdn zukommen	Le surveillant est ~[6] l'élève.
avoir peur [avwaʀpœʀ]	Angst haben, Angst bekommen	Elle ~[7] la nuit.
la peur [lapœʀ]	die Angst	Zoé dit qu'elle n'a pas eu ~.
C'était l'horreur! [setɛlɔʀœʀ]	Das war der Horror!	L'interro, ~!
juste [ʒyst]	gerade noch	Mehdi a ~ eu le temps de manger avant de partir.

à cause de ça [akozdəsa]	deswegen	Nathan est malade. ~, il ne vient pas en cours.
à cause de [akozdə]	wegen	Cédric ne vient pas ~ l'anniversaire de son grand-père.
faire attention [fɛRatɑ̃sjɔ̃]	aufpassen	Pardon, je n'ai pas ~[8], tu t'appelles Lara ou Laura?
pris [pRi]	genommen *Partizip Perfekt von* prendre ▶ *Verbes, p. 167*	– Tu as ~ mon CD? – Non, il est là.
mauvais/mauvaise [movɛ/movɛz] *adj.* ≠ bon/bonne	schlecht *hier:* falsch	Zut, on a pris le ~[9] tram!
demander son chemin (à qn) [dəmɑ̃desɔ̃ʃəmɛ̃]	(jdn) nach dem Weg fragen	Pour aller à la gare, ils ~[10] à quelqu'un.
le chemin [ləʃəmɛ̃]	der Weg	Près de chez moi, il y a un ~ idéal pour les randonnées.
dû [dy]	gemusst *Partizip Perfekt von* devoir ▶ *Verbes, p. 166*	J'ai ~ ranger ma chambre avant notre départ en vacances.
perdu [pɛRdy]	verloren *Partizip Perfekt von* perdre	Lucas pense qu'il a ~ son portable sur le chemin du retour.

perdre qc [pɛʀdʀ]	etw. verlieren *wird wie* attendre *konjugiert* ▶ Verbes, p. 165	Zoé ~[11] souvent des choses.
répondu [ʀepɔ̃dy]	geantwortet *Partizip Perfekt von* répondre	Elle n'a pas entendu la question, alors elle n'a pas ~.
répondre (à qn/qc) [ʀepɔ̃dʀ] ≠ demander (qc à qn)	jdm antworten, etw. beantworten *wird wie* attendre *konjugiert* ▶ Verbes, p. 165	Qui peut ~ à ma question?
rien de spécial [ʀjɛ̃dəspesjal]	nichts Besonderes	– Qu'est-ce que tu as fait ce weekend? – ~.
insister [ɛ̃siste]	auf etw. bestehen *hier:* nachhaken	Bon d'accord, je viens avec vous, mais parce que vous ~[12].
Il faut que je te dise un truc! [ilfokəʒətədizɛ̃tʀyk]	Ich muss dir was sagen! Ich muss dir was erzählen!	
il y a [ilja]	vor *zeitlich*	Les correspondants sont arrivés ~ trois jours.
⚠ Unterscheide:	il y a = es gibt il y a = vor *zeitlich*	Sur la table, **il y a** des bananes et des fraises. Les corres sont arrivés **il y a** une semaine.

prendre ses jambes à son cou [pʀɑ̃dʀseʒɑ̃basɔku]	die Beine in die Hand nehmen	Quand j'ai vu le chien venir droit sur moi, j'ai ~[13].
la jambe [laʒɑ̃b]	das Bein	
le cou [ləku]	der Hals	

1 aventures 2 taureaux 3 champs 4 idiote 5 tombés 6 venu droit sur 7 a peur 8 fait attention 9 mauvais 10 demandent leur chemin 11 perd 12 insistez 13 pris mes jambes à mon cou

1 Complète le texte par les participes français. Pense à l'accord.

> angefangen erzählt gefunden (nach Hause) gefahren gekommen gekonnt gelacht
> losgefahren gemacht gesehen vergessen

Qu'est-ce que Zoé a _____ samedi? La journée a bien _____ . Ses amis sont

d'abord _____ chez elle, puis ils sont _____ à la plage. Zoé a _____ ses clés sur

la table, mais ça, elle l'a _____ plus tard. Bilal a _____ beaucoup de blagues, mais

les amis n'ont plus beaucoup _____ quand Zoé n'a pas _____ les sandwichs

dans son sac! Ensuite, il n'a plus fait beau. À cause de ça, les amis n'ont pas _____ manger le

gâteau, alors ils sont _____ à la maison. Et là, surprise …

2 Note les mots de vocabulaire, appris dans l'Unité 2, au bon endroit.

> taureau repas fatigué dessiner fin tombé peur terminer ranger champ chemin
> photographier voiture venu droit sur qn catastrophe malade

_____ _____

_____ ←(le)→ _____

(quelque chose)

_____ _____

_____

_____ ←(la)→ _____

_____ _____

_____ ←(être)→ _____

_____ _____

LÖSUNG S. 97 **3** Écris ces expressions de l'Unité 2 en français et complète la grille.

1. lange _____

2. vor *(temps / 3 mots)* _____

3. endlich _____

4. plötzlich *(3 mots)* _____

5. spät _____

6. grade noch _____

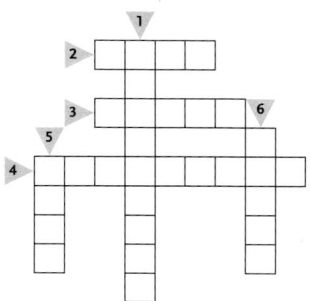

Unité 3 | Volet 1

le monde [ləmɔ̃d]	die Welt	Harry Potter est célèbre partout dans le ~.
le test [lətɛst] 🇬🇧 test	der Test	Demain, la classe de 5ᵉ B a un ~ de maths.
calme [kalm] *m./f. adj.* 🇬🇧 calm	ruhig	La nuit, les rues sont très ~¹.
le bus [ləbys] 🇬🇧 bus	der Bus	D'habitude, je vais à l'école à vélo, mais aujourd'hui, j'ai pris le ~.
le magazine [ləmagazin] 🇬🇧 magazine	das Magazin, die Zeitschrift	Zoé aime les ~² sur la nature et les animaux.
le texto [tɛksto]	die SMS	Les ~³, c'est pratique mais ce n'est pas toujours idéal.
quel/quelle [kɛl]	welcher/welche/welches	~⁴ jour de la semaine est-ce que tu préfères?
la couleur [lakulœʀ] 🇬🇧 colour	die Farbe	Quelle ~ est-ce que tu aimes?
rouge [ruʒ] *m./f. adj.*	rot	J'ai un vélo ~.

bleu/bleue [blø] *adj.*   blau   J'ai dessiné des bateaux ~[5] sur une mer rouge.

❗ Unterscheide:			Aber:		
noir	schwarz *als Adjektiv*	un vélo noir	**le** noir	*die Farbe* Schwarz	Je n'aime pas **le** noir.
rouge	rot *als Adjektiv*	une voiture rouge	**le** rouge	*die Farbe* Rot	**Le** rouge est ma couleur préférée.
bleu	blau *als Adjektiv*	un stylo bleu	**le** bleu	*die Farbe* Blau	**Le** bleu de la mer est incroyable quand il fait beau.

l'idole [lidɔl] *f.*   das Idol   Beaucoup de jeunes ont une ~, et toi?

l'acteur / l'actrice [laktœʀ/laktʀis] *m./f.* 🇬🇧 actor   der/die Schauspieler/in   Comment s'appelle ton ~[6] préférée?

le sportif / la sportive [ləspɔʀtif/laspɔʀtiv]   der/die Sportler/in   Bilal et son frère, ce sont des ~[7].

télécharger qc [teleʃaʀʒe]   etw. herunterladen   Je n'aime pas ~ des films, je préfère les emprunter.

le titre [lətitʀ]   der Titel *hier:* der Musiktitel   Le CD de ZAZ a onze ~[8].

l'électro [lelɛktʀo] *f.*	die Elektromusik	On ne peut pas toujours bien danser sur l'~.
le hip-hop ⚠ [ləipɔp]	der Hip-Hop	Zoé n'est pas fan de ~.

Vergleiche:
l'heure, l'histoire-géo, l'hiver

Bei einigen Wörtern, die mit *h* beginnen, wird der bestimmte Artikel nicht verkürzt.

aber:

le hamster　　**le hip-hop**　　**le hobby**

les vêtements [levɛtmã] *m. pl.*	die Kleider	Être petit, c'est parfois pénible quand il faut trouver des ~.
porter qc [pɔʀte]	etw. tragen	Qu'est-ce que tu vas ~ pour la fête?
le pantalon [ləpãtalõ]	die Hose	Zoé adore son ~ noir.
la chemise [laʃəmiz]	das Hemd	Enzo aime porter des ~[9] rouges.
le jean [lədʒin]	die Jeans	Tout le monde est d'accord: les ~[10], c'est super pratique.
le tee-shirt [lətiʃœʀt]	das T-Shirt	Dans le placard de Nathan, il y a dix ~[11] et une chemise.

l'objet [lɔbʒɛ] *m.*	das Objekt, der Gegenstand	Chez mes grands-parents, il y a des ~[12] partout!
le porte-bonheur [ləpɔʁtbɔnœʁ]	der Glücksbringer	Mon ~, c'est une petite pierre bleue.
le casque [ləkask]	der Kopfhörer *auch:* der Helm	Zoé aime écouter sa musique avec un ~.
le résultat [ləʁezylta] 🏴󠁧󠁢󠁥󠁮󠁧󠁿 result	das Ergebnis	Bilal a de très bons ~[13] en physique.
plus [plys]	mehr	Le garçon là-bas a treize ans ou peut-être ~.
plutôt [plyto]	eher, lieber	– Tu préfères ~ nager dans un lac ou dans la mer? – ~ dans un lac.
bouger [buʒe]	sich bewegen *wird wie* manger *konjugiert* ▶ Verbes, p.164	– Je n'aime pas trop ~. – Moi si. J'adore le sport.
le stress [ləstʁɛs]	der Stress	Trop de travail, trop de ~, c'est l'horreur en ce moment!

1 calmes 2 magazines 3 textos 4 Quel 5 bleus 6 actrice 7 sportifs 8 titres 9 chemises 10 jeans
11 tee-shirts 12 objets 13 résultats

Unité 3 | Volet 2

l'enquête [lãkɛt] *f.*	die Umfrage, die Untersuchung	Les élèves de la 5ᵉ B font une ~ dans leur collège.
le style [ləstil]	der Stil	Quel ~ de musique est-ce que tu écoutes?
le look [ləluk]	der Look, das Outfit	J'adore Paris, parce qu'on voit des ~¹ incroyables dans la rue.
sportif/sportive [spɔrtif/spɔrtiv] *adj.*	sportlich	Ma mère est plutôt ~².
mettre qc [mɛtr]	*hier:* etw. tragen, anziehen *auch:* setzen, stellen, legen ▶ Verbes, p. 166	Qu'est-ce que tu vas ~ pour aller à la fête de Lisa?
la marque [lamark]	die Marke	Est-ce que tu as des vêtements de ~ dans ton armoire?
les baskets [lebaskɛt] *f. pl.*	die Turnschuhe	Bilal a des ~ de ville et des ~ pour faire du sport.

important/importante [ɛ̃pɔʀtɑ̃/ɛ̃pɔʀtɑ̃t] *adj.* 🇬🇧 important	wichtig	Pour beaucoup de parents, les notes à l'école sont très ~³.
Soprano [sɔpʀano]	*französischer Rapper* ▸ *Civilisation, p. 158*	
nouveau/nouvel [nuvo/nuvɛl] *m.* / **nouvelle** [nuvɛl] *f.* / **nouveaux** [nuvo] *m. pl.* / **nouvelles** [nuvɛl] *f. pl. adj.*	neu	Pour la rentrée en 5e, Zoé a eu un ~⁴ ordinateur. Il y a une ~⁵ élève dans la 5e B, elle s'appelle Emma.
la sonnerie [lasɔnʀi]	die Klingel *hier:* der Klingelton	La ~ du portable de Nathan est un titre de son groupe préféré.
être accro à qc [ɛtʀakʀoa]	nach etw. süchtig sein	Isabelle est ~⁶ chocolat.
le R&B [ləaʀɛnbi]	der R&B *Rhythm & Blues*	Je ne suis pas trop fan de ~.
Tal [tal]	*französische Sängerin* ▸ *Civilisation, p. 158*	

ce/cet/cette/ces [sə/sɛt/sɛt/se]	dieser/diese/dieses	~[7] soir, il y a un très bon film à la télé.

ce matin	= heute Morgen	cet après-midi	= heute Nachmittag
ce soir	= heute Abend	cette semaine	= diese Woche, in dieser Woche

beau/bel [bo/bɛl] *m.* / **belle** [bɛl] *f.* / **beaux** [bo] *m. pl.* / **belles** [bɛl] *f. pl. adj.*	schön	Montpellier est une ~[8] ville. La guitare est un ~[9] instrument.
la voix / ■ **les voix** [lavwa/levwa]	die Stimme	Cette chanteuse a une ~ incroyable.
aussi ... que [osi...kə]	so ... wie	Mehdi est ~ sportif ~[10] son frère.
le pull *fam.* / **le pull-over** [ləpyl/ləpylɔvɛʀ]	der Pulli, der Pullover	Ce ~ est trop grand pour toi!
orange [ɔʀɑ̃ʒ] *m./f. adj.*	orange	J'aime bien ton pantalon ~.
vert/verte [vɛʀ/vɛʀt] *adj.*	grün	Mon lapin adore la salade ~[11].

■ Merke:		
marron und *orange* sind unveränderlich.	*blanc/blanche*	*rose*
Les pulls marron.		
Les baskets orange.	*marron*	*gris/grise*

Ça me plaît. [saməplɛ]	Das gefällt mir.	– Comment tu trouves l'ambiance ici? – ~.
la mode [lamɔd]	die Mode	Elle aime acheter des magazines de ~.
la robe [laʀɔb]	das Kleid	Chloé n'aime pas trop les ~[12], elle préfère les jeans.
dépenser qc [depɑ̃se]	etw. ausgeben	Tu ~[13] combien pour ton portable?
cent-cinquante [sɑ̃sɛ̃kɑ̃t]	hundertfünfzig	
deux cents [døsɑ̃]	zweihundert	
Die Zahlen über 100 findest du auf S.163.		
les affaires [lezafɛʀ] *f. pl.*	die Sachen	Vous avez vos ~ de sport? Oui? Alors, on y va!
moins ... que [mwɛ̃...kə]	weniger ... als	Le film est ~ intéressant ~[14] le livre.
plus ... que [plys...kə]	mehr ... als	Le livre est ~ intéressant ~[15] le film.
l'album [lalbɔm] *m.*	das Album, das Fotoalbum	Zoé a assez de photos pour faire un bel ~.

Nolwenn Leroy [nɔlwɛnlərwa]	*französische Sängerin* ▶ *Civilisation, p. 158*	
Barrio Populo [baʀjopɔpylo]	*französische Rockgruppe*	
le rythme [ləʀitm]	der Rhythmus	Le ~, c'est important dans la danse et la musique.
la batterie [labatʀi]	das Schlagzeug	Il joue de la ~.

1 looks 2 sportive 3 importantes 4 nouvel 5 nouvelle 6 accro au 7 Ce 8 belle 9 bel 10 aussi sportif que 11 verte 12 robes 13 dépenses 14 moins intéressant que 15 plus intéressant que

Unité 3 | Volet 3

il faut + *inf.* [ilfo]	wir müssen, man muss	~ mettre des affaires pratiques quand on fait du sport.
il ne faut pas + *inf.* [ilnəfopa]	wir dürfen/sollten nicht, man darf/sollte nicht	~ dormir en classe.
exagérer [ɛgzaʒeʀe]	übertreiben	Vous êtes encore en retard? Vous ~[1]!

avoir raison [avwaʀɛzɔ̃]	recht haben	Il a des bonnes idées et en plus il ~ souvent ~².
confisquer qc [kɔ̃fiske]	jdm etw. wegnehmen	Le prof a ~³ le casque de Jules.
trouver que [tʀuvekə]	finden, dass	Bilal ~⁴ le groupe Barrio Populo a des rythmes incroyables.
rappeler qn [ʀapəle] → appeler qn	jdn zurückrufen *wird wie* appeler *konjugiert* ▶ *Verbes, p. 164*	Je dois partir mais je te ~⁵ quand je rentre, d'accord?
le téléphone [lətelefɔn]	das Telefon	Ma sœur passe des heures au ~.
À table! [atabl]	Essen!, Zu Tisch!	Le dîner est prêt, ~!
la note [lanɔt]	die Note	Tu as eu quelle ~ à ton test?
catastrophique [katastʀɔfik] *m./f. adj.*	katastrophal	Ses résultats sont ~⁶.
dernier/dernière [dɛʀnje/dɛʀnjɛʀ] *adj.*	letzter/letzte/letztes	La semaine ~⁷, il a fait très froid.
vrai/vraie [vʀɛ] *adj.*	richtig, wahr	– Morgane, tu exagères. – Non, ce n'est pas ~⁸!
tu dis [tydi]	du sagst *2. Pers. Sg. von* dire	

dire qc (à qn) [diʀ]	(jdm) etw. sagen ▶ *Verbes, p.166*	Qu'est-ce que vous ~⁹? Parlez plus fort s'il vous plaît.
passer son temps à + *inf.* [pasesɔ̃tɑ̃a]	die ganze Zeit etw. tun *wörtlich:* seine Zeit damit verbringen, etw. zu tun	Zoé ~¹⁰ dessiner des bédés.

Simon **passe** ses vacances à la montagne. (= verbringen)

On **passe** chez toi à 10 heures. (= vorbeikommen)

Il **passe** son temps à lire. (= die ganze Zeit etwas tun)

Jean, tu me **passes** l'eau, s'il te plaît? (= jdm etw. reichen)

envoyer qc (à qn) [ɑ̃vwaje]	(jdm) etw. schicken ▶ *Verbes, p.164*	Tu as déjà ~¹¹ la carte à Marie?
être privé/privée de qc [ɛtʀəpʀivedə]	-verbot haben	Elle est ~¹² de télé pendant un mois.
reparler de qc à qn [ʀəpaʀledə] → parler de qc à qn	noch einmal mit jdm über etw. sprechen	Hugo ~¹³ de l'interro à son prof.

penser que [pãsekə]	denken, dass	Nathan ~[14] il faut parler au prof.
le meilleur / la meilleure *adj.* [ləmɛjœʀ/lamɛjœʀ]	der/die/das beste *Superlativ zu* bon/bonne	C'est le ~[15] festival de musique de la région.

Steigerung des Adjektivs *bon/bonne*

Adjektiv:	**bon/bonne** = gut	Le dessert est **bon**.
Komparativ:	**meilleur/meilleure**	Sophie est **meilleure** en maths que Maxime.
Superlativ:	**le meilleur / la meilleure**	C'est **le meilleur** exemple.

la solution [lasɔlysjɔ̃] 🇬🇧 solution	die Lösung	Est-ce que tu as trouvé une ~ à ton problème?
à mon avis [amɔ̃navi]	meiner Meinung nach	~, Montpellier est une ville idéale pour apprendre le français.
l'avis [lavi] *m.*	die Meinung	Ton ~ nous intéresse!
grave [gʀav] *m./f. adj.*	ernst, schlimm	– Ma mère est malade. – C'est ~?
terrible [teʀibl] *m./f. adj.* 🇬🇧 terrible	furchtbar	La semaine prochaine, on a deux interros! C'est ~!

baisser les bras [beselebʀa]	aufgeben *wörtlich:* die Arme senken	– J'ai un problème. – Il ne faut pas ~!
le bras [ləbʀa]	der Arm	
l'argument [laʀgymã] *m.*	das Argument	Trouvez des ~16 pour et contre le portable.
récupérer qc [ʀekypeʀe]	etw. zurückbekommen	Après le cours, Jules a ~17 son casque.
Bonne chance! [bɔnʃãs]	Viel Glück!	
la chance [laʃãs] 🇬🇧 chance	das Glück, die Chance	
peut-être [pøtɛtʀ]	vielleicht	– Tu vas au cinéma demain? – ~. Tu viens avec moi?
limiter qc [limite]	etw. beschränken, begrenzen	~18 le temps que tu passes devant la télé.
l'appel [lapɛl] *m.* → appeler qn	der Anruf	J'attends un ~.
Essaie! [esɛ]	Versuche es! *Imperativ* 2. Pers. Sg. von essayer	

essayer (qc) [eseje]   (etw.) versuchen, (an)probieren   – Je ne comprends pas l'exercice,
                         wird wie envoyer *konjugiert,*   tu peux m'aider s'il te plaît?
                         ▶ *Verbes, p.164*   – Oui, je vais ~.

1 exagérez 2 a souvent raison 3 confisqué 4 trouve que 5 rappelle 6 catastrophiques 7 dernière 8 vrai 9 dites 10 passe son temps à 11 envoyé 12 privée 13 reparle 14 pense qu' 15 meilleur 16 arguments 17 récupéré 18 Limite

LÖSUNG
S. 98

1 Qu'est-ce qu'ils portent aujourd'hui? Note.

 **A**  **B**  **C**  **D**

A _____

B _____

C _____

D _____

2 Retrouve les sept mots et complète les phrases.

1. Nathan a un style plutôt _____ . p t s o i r f

2. Félix a des résultats _____ à l'école. a r t o s i c h e q a p u t s

3. Pour Zoé, les marques ne sont pas _____ . m i p a t o t r e n s

4. Bilal trouve que le _____ style de musique, c'est le rock. l i m u l e r e

5. Quelle _____ est-ce que tu proposes? n o l s u t o i

6. Pour son anniversaire, Zoé a eu une _____ bleue. b o r e

7. Zut, la photo n'est pas bonne, on a _____ . g u é b o

3 a Écris ces mots en français. Note les noms avec l'article indéfini *un/une*.

1. a pair of jeans _____	5. a pullover _____	9. an object _____
2. a test _____	6. to exaggerate _____	10. a bus _____
3. a magazine _____	7. an actress _____	11. a voice _____
4. blue _____	8. a rhythm _____	12. to limit _____

b Quels mots de a sont identiques
en anglais et en français? _____

Unité 4 | Volet 1

la Belgique [labɛlʒik]	Belgien ▶ *Civilisation, p. 159*	En ~, on parle aussi français.
l'auberge de jeunesse [lobɛʀʒdəʒœnɛs] *f.*	die Jugendherberge	L'~, c'est pratique et pas chère.
le tournoi [lətuʀnwa]	das Turnier	Il y a un ~ de ping-pong dans notre école.
avoir lieu [avwaʀljø]	stattfinden	Quand est-ce que la visite du musée ~¹?
Liège [liɛʒ]	Lüttich ▶ *Civilisation, p. 160*	
l'équipe [lekip] *f.*	die Mannschaft	L'~ de foot arrive au stade.
le train [lətʀɛ̃] 🇬🇧 train	der Zug	On a pris le ~ pour aller à Paris.
la France [lafʀɑ̃s]	Frankreich	Les parents de Bilal viennent de Tunisie, lui est né en ~.
participer à qc [paʀtisipea] 🇬🇧 participate	an etw. teilnehmen	Elle ~² un concours de dessin.

le match [ləmatʃ] 🇬🇧 match	das Spiel	Bilal et Nathan regardent un ~ de handball à la télé.
l'entraîneur / l'entraîneuse [lɑ̃tʀɛnœʀ/lɑ̃tʀɛnøz] m./f.	der/die Trainer/in	L'~³ arrive le premier dans le stade, avant le match.
la place du Marché [laplasdymaʀʃe]	ältester Platz in Lüttich	
le Carré [ləkaʀe]	eines der ältesten Viertel in Lüttich	
penser à qn/qc [pɑ̃sea]	an etw./jdn denken	Je ~ souvent ~⁴ Camille.
le carrefour [ləkaʀfuʀ]	die Kreuzung	C'est un grand ~.
tourner [tuʀne] 🇬🇧 to turn	abbiegen	La voiture a ~⁵ et devant eux, ils ont vu la mer.
tourner à gauche nach links abbiegen		tourner à droite nach rechts abbiegen
tout droit [tudʀwa]	geradeaus	Continue ~ et tu arrives à la boulangerie.
le plan [ləplɑ̃]	der Stadtplan, die Karte	J'ai trouvé la rue sur le ~.

l'idiot / l'idiote [lidjo/lidjɔt] *m./f.* 🇬🇧 idiot	der/die Idiot/in	J'ai oublié mon sac. Quel ~ je suis!
laisser qc [lese]	etw. liegen lassen	Nathan a ~⁶ ses affaires de sport au gymnase.
le GPS [ləʒepeɛs] 🇬🇧 GPS	das GPS	– Qu'est-ce que ça veut dire ~? – «Global Positioning System».
le réseau [ləʀezo]	das Netz	Dans le train, on perd souvent le ~.
on pourrait [ɔ̃puʀɛ]	wir könnten, man könnte	~ aller au cinéma ce soir!
quelqu'un [kɛlkɛ̃]	jemand	Marie, ~ a appelé pour toi, mais je ne sais plus qui.
Georges Simenon [ʒɔʀʒsimənɔ̃]	*belgischer Schriftsteller* ▶ *Civilisation, p. 158*	
troisième [tʀwazjɛm] *m./f. adj.* → trois	dritter/dritte/drittes	Le bureau du CPE, c'est la ~ porte à droite.
le feu rouge [ləføʀuʒ]	die Ampel	Attends au ~, s'il te plaît!
deuxième [døzjɛm] *m./f. adj.* → deux	zweiter/zweite/zweites	Leur ~ album est encore meilleur que le premier.

Die Ordnungszahlen findest du auf S. 163.

la place Saint-Lambert [laplassɛ̃lɑ̃bɛʀ]	*zentraler Platz in Lüttich*	
traverser (qc) [tʀavɛʀse]	(etw.) überqueren	C'est vert, on peut ~ !
la gare [lagaʀ]	der Bahnhof	Elle retrouve sa copine à la ~.
redemander [ʀədəmɑ̃de] → demander	noch einmal fragen	Je n'ai pas compris l'information, je vais ~ à quelqu'un.

Die Verben mit der Vorsilbe *re-* findest du auf S. 196.

Hörtext

tout à l'heure [tutalœʀ]	vorhin	Bilal, ton oncle a téléphoné ~, tu peux le rappeler s'il te plaît?
l'organisateur / l'organisatrice [lɔʀganizatœʀ/lɔʀganizatʀis] *m./f.*	der/die Organisator/in	Les ~[7] de Paris-Plages sont contents parce qu'il fait beau.
vous y êtes [vuziɛt]	ihr seid da	Le musée? Allez tout droit et ~.

1 a lieu **2** participe à **3** entraîneur **4** pense souvent à **5** tourné **6** laissé **7** organisateurs

Unité 4 | Volet 2

le joueur / la joueuse [ləʒwœʀ/laʒwøz] → jouer	der/die Spieler/in	Dans une équipe de handball il y a sept ~[1].
l'arbitre [laʀbitʀ] m./f.	der/die Schiedsrichter/in	L'~ entre dans le stade.
le ballon [ləbalɔ̃] 🇬🇧 ball	der Ball	Les enfants jouent au ~.
le score [ləskɔʀ] 🇬🇧 score	der Spielstand	Les joueurs ont fait un bon ~.
le gardien de but / la gardienne de but [ləgaʀdjɛ̃dəbyt/lagaʀdjɛndəbyt]	der/die Torwart/in	Dans une équipe de handball il y a six joueurs et un ~.
le carton jaune [ləkaʀtɔ̃ʒon]	die gelbe Karte	L'équipe française a eu deux ~[2].
jaune [ʒon] m./f. adj.	gelb	Le soleil est ~.
la faute [lafot]	der Fehler, das Foul	Tu as trouvé la ~?
marquer un but [maʀkeɛ̃byt]	ein Tor schießen	Après 30 minutes, on a ~[3].
le but [ləbyt]	das Tor, das Ziel	

le petit-déjeuner [ləptideʒœne] → le déjeuner	das Frühstück	Qu'est-ce que tu prends au ~?
recommencer [Rəkɔmɑ̃se] → commencer	wieder anfangen, etw. noch einmal tun	C'est l'horreur, j'ai perdu mon cahier, je dois tout ~!
gagner (qc) [gaɲe]	(etw.) gewinnen	J'ai ~⁴ un stage à Paris!
contre [kɔ̃tR]	gegen, dagegen	Je suis contre ~.
Fribourg [fRibuR]	Freiburg	
encourager qn [ɑ̃kuRaʒe] 🇬🇧 to encourage	jdn ermutigen	Les copains de Bilal lui ont envoyé des textos pour l'~.
formidable [fɔRmidabl] *m./f. adj.* ≠ nul/nulle	toll	Elle a rencontré un garçon ~.
facile [fasil] *m./f. adj.*	leicht	L'exercice n'est pas ~.
lutter [lyte]	kämpfen	Il faut ~ pour gagner.
jusqu'au bout [ʒyskobu]	bis zum Ende, *hier:* bis zum bitteren Ende (kämpfen)	Les enfants ont écouté l'histoire ~.
la défense [ladefɑ̃s] 🇬🇧 defense	die Abwehr(spieler)	La ~ a été formidable!

réagi [ʀeaʒi]	reagiert *Partizip Perfekt von* réagir	
réagir [ʀeaʒiʀ] 🇬🇧 to react	reagieren ▶ *Verbes, p. 165*	– Comment est-ce que les parents de Zoé ont ~⁵? – Plutôt bien!
l'attaque [latak] *f.* 🇬🇧 attack	der Angriff, die Angriffspieler	Belle ~ de l'équipe allemande!
applaudir (qn) [aplodiʀ] 🇬🇧 to applaud	(jdm) applaudieren *wird wie* réagir *konjugiert* ▶ *Verbes, p. 165*	Tout le monde a ~⁶ les joueurs.
fort/forte [fɔʀ/fɔʀt] *adj.*	stark	Elle est ~⁷ en maths.
rapide [ʀapid] *m./f. adj.* 🇬🇧 rapid	schnell	Le TGV a longtemps été le train le plus ~ du monde.
ils agissent [ilzaʒis]	sie handeln *3. Pers. Pl. von* agir	
agir [aʒiʀ] 🇬🇧 to act	handeln *wird wie* réagir *konjugiert* ▶ *Verbes, p. 165*	Il est tombé dans le lac! Il faut ~ vite!
tout/toute [tu/tut] *adj.*	ganzer/ganze/ganzes	Il a fait une photo de ~⁸ l'équipe.
tous/toutes [tus/tut] *adj. pl.*	alle, jeder/jede/jedes	Philippe a aussi encouragé ~⁹ ses joueurs avant le match.
donner qc à qn [dɔnea]	jdm etw. geben	Il a ~ son numéro de téléphone ~¹⁰ tous les parents.

fini [fini]	beendet *Partizip Perfekt von* finir	
finir (qc) [finiʀ]	etw. beenden, enden *wird wie réagir konjugiert* ▶ *Verbes, p. 165*	J'ai ~[11] mon livre, il est génial!

!❗ Unterscheide:

terminer = beenden
finir = beenden
La prof **termine/finit** le cours.
Die Lehrerin beendet den Unterricht.

finir = enden
Le cours **finit** à 16 heures.
Der Unterricht endet um 16 Uhr.

finir = beenden
Il **finit** son dessert.
Er isst seinen Nachtisch auf.

tout à l'heure [tutalœʀ]	gleich, in Kürze	Je t'appelle ~, d'accord?
la demi-finale [ladəmifinal]	das Halbfinale	La ~ commence à 14 heures.
le Belge / la Belge [lebɛlʒ/labɛlʒ] → la Belgique	der Belgier, die Belgierin	
Namur [namyʀ]	*Stadt in Belgien*	
montrer qc à qn [mɔ̃tʀea]	jdm etw. zeigen	Il ~ sa bédé ~[12] Nathan.

le point fort [ləpwɛ̃fɔʀ]	die Stärke	– Quel est ton ~? – L'attaque.
garder qc [gaʀde] ≠ perdre qc	etw. behalten	– J'adore ton pull! – Tu peux le ~. Il est trop petit pour moi.
la finale [lafinal] 🇬🇧 final	das Finale	La ~ est toujours un grand moment dans un tournoi!
possible [pɔsibl] *m./f. adj.* 🇬🇧 possible	möglich	Je voudrais aller en France cet été. C'est ~?
compter (sur qn) [kɔ̃te]	(auf jdn) zählen	– Je ~¹³ vous tous!
réussir (qc) [ʀeysiʀ]	es/etw. schaffen, gelingen *wird wie* réagir *konjugiert* ▶ Verbes, p. 165	Bravo! Vous avez ~¹⁴!

1 joueurs 2 cartons jaunes 3 marqué un but 4 gagné 5 réagi 6 applaudi 7 forte 8 toute 9 tous
10 donné son numéro de téléphone à 11 fini 12 montre sa bédé à 13 compte sur 14 réussi

quelques [kɛlkə] *adj. pl.*	einige, ein paar	Lisa a passé ~ jours chez ses grands-parents à Minerve.
Zurich [zyʀik]	Zürich	
monter qc [mɔ̃te]	etw. aufbauen, errichten	Les organisateurs ont ~¹ une tente à côté du gymnase.
installer qc [ɛ̃stale] 🏴󠁧󠁢󠁥󠁮󠁧󠁿 to install	etw. aufbauen	L'organisateur a ~² le buffet.
la sardine [lasaʀdin]	die Sardine *hier:* der (Zelt-)Hering	Il n'y a pas assez de ~³ pour monter la tente!

❗ Unterscheide:

Sardine und *sardine* sind *faux amis*.

poser qc [poze]	etw. (hin)stellen, (hin)legen	– Où est-ce que je ~⁴ les livres? – Sur le bureau, s'il te plaît.
le plat [ləpla]	die Platte	Les ~⁵ sont sur la table de la cuisine.

quoi [kwa]	was	Tu fais ~ ce week-end?
je connais [ʒəkɔnɛ]	ich kenne *1. Pers. Sg. von* connaître	
vous connaissez [vukɔnɛse]	ihr kennt, Sie kennen *2. Pers. Pl. von* connaître	
connaître qn/qc [kɔnɛtʀ]	jdn/etw. kennen ▶ *Verbes, p. 166*	Je ne ~⁶ pas encore la famille de mon correspondant.

Die Vorsilbe *re-*

Die Vorsilbe re- entspricht häufig dem deutschen *wieder/noch einmal* oder *zurück*.

appeler qn	rappeler qn	jdn zurückrufen
commencer qc	recommencer qc	etw. noch einmal von vorn anfangen
connaître qn/qc	*reconnaître qn/qc*	jdn/etw. wiedererkennen
demander qc	redemander qc	noch einmal fragen
trouver qn/qc	retrouver qn/qc	jdn/etw. wiederfinden; jdn (wieder) treffen
venir	*revenir*	wiederkommen, zurückkommen
voir qn/qc	*revoir qn/qc*	jdn/etw. wiedersehen

la tarte au riz [lataʀtoʀi]	der Milchreiskuchen	~ est un dessert.

la tarte [lataʀt]	der Kuchen	Les filles ont préparé une ~ aux fraises pour le pique-nique!
❗ Unterscheide: Torte und *tarte* sind *faux amis*.		
le riz [ləʀi] 🇬🇧 rice	der Reis	Tu veux encore du ~?
la spécialité [laspesjalite] 🇬🇧 speciality	die Spezialität	Est-ce que tu connais les ~[7] de ta région?
belge [bɛlʒ] *m./f. adj.* → la Belgique	belgisch	«Lucky Luke» est une bédé ~.
sonner [sɔne] → la sonnerie	klingeln	Le portable ~[8].
il/elle veut savoir si [il/ɛlvøsavwaʀsi]	er/sie will wissen, ob	~ on va rentrer avant seize heures.
il faut qc [ilfo]	man braucht / wir brauchen etw.	Pour faire des crêpes ~ du lait, des œufs, de la farine et du beurre.

la boisson [labwasɔ̃]	das Getränk	Tu apportes des ~[9] et moi un gâteau.
le coca(-cola) [ləkoka]	die Cola	Il y a beaucoup de sucre dans le ~.
l'eau minérale [lomineʀal] *f.*	das Mineralwasser	Prenez des bouteilles d'~ pour la balade!
demander à qn si [dəmɑ̃desi]	jdn fragen, ob	~ à tes parents ~[10] tu peux venir dormir chez moi.
avoir l'air [avwaʀlɛʀ]	aussehen	Il ~[11] fatigué.
le fromage [ləfʀɔmaʒ]	der Käse	Il y a des ~[12] fantastiques en France!
la charcuterie [laʃaʀkytʀi]	Wurstwaren *auch:* Metzgerei	La ~ est une spécialité de Lyon.
les boulettes (à la liégeoise) *f. pl.* [lebulɛtalaljeʒwaz]	die Hackbällchen (nach Lütticher Art)	Les ~ sont toujours accompagnées de sauce.
la remise des médailles [laʀəmizdemedaj]	die Siegerehrung	La ~ a lieu dans le grand gymnase.
Il faut qu'on y aille! [ilfokɔ̃niaj]	Wir müssen los!	On va manger. ~!

le vestiaire [ləvɛstjɛʀ]   der Umkleideraum   Pendant les matchs, les ~[13] restent fermés.

Die Verben und ihre Ergänzungen

Einige Verben schließen das Objekt im Französischen anders als im Deutschen an:

demander à qn	jdn fragen	aider qn	jdm helfen
téléphoner à qn	jdn anrufen	attendre qn	auf jdn warten
		écouter qn	jdm zuhören, auf jdn hören

---

1 monté 2 installé 3 sardines 4 pose 5 plats 6 connais 7 spécialités 8 sonne 9 boissons
10 Demande à tes parents si 11 as l'air 12 fromages 13 vestiaires

LÖSUNG
S. 99

1 Complète. Note les noms avec l'article défini.

la première rue à droite

2 a Trouve les mots du buffet de l'Unité 4 et écris-les avec l'article défini *la/le/l'*.

1.
P	L	R	T
F	O	A	T

_____

4.
A	T	I	S	Q	U	N
B	O	T	A	S	O	E

_____

2.
T	A	U	T	E
J	A	R	N	E

_____

5.
S	N	É	C	I	Î	L	I	U	É
E	P	T	R	A	A	N	E	T	R

_____

3.
R	É	O	S	S	G	R
F	R	U	M	A	I	E

_____

6.
C	H	C	O	M	U	E	E	R	E	R
R	E	A	R	C	M	T	N	C	I	E

_____

b Trouve les six autres mots. Qu'est-ce qu'ils veulent dire en allemand? Note.

1. **fort = stark** _____

2. _____

3. _____

4. _____

5. _____

6. _____

Unité 5 | Volet 1

la solidarité [lasɔlidaʀite]	die Solidarität	Agir avec ~ c'est important!
la nouvelle [lanuvɛl] 🇬🇧 news → nouveau/nouvel/nouvelle	die Nachricht, die Neuigkeit	Bilal a une bonne ~: son équipe a gagné!
la loi [lalwa] 🇬🇧 law	das Gesetz	Qui fait la ~ dans votre collège?
la personnalité [lapɛʀsɔnalite] 🇬🇧 personality	die Persönlichkeit	J'aime bien sa ~.
l'humour [lymuʀ] *m.* 🇬🇧 humour	der Humor	Avec un peu d' ~, tout est plus facile.
seul/seule [sœl] *adj.*	allein	Avec les copains, on n'est jamais ~[1].
la star [la staʀ] 🇬🇧 star	der Star ❗ *im Französischen immer weiblich*	Arthur est la ~ de la cour.
surveiller qn [syʀvɛje] → le surveillant	jdn beaufsichtigen	Les parents doivent ~ leurs enfants.
la brute [labʀyt]	der Grobian	Les autres élèves ont peur de la ~.

la bagarre [labagaʀ]	die Prügelei	Monsieur, il y a une ~ dans la cour!
la victime [laviktim] 🇬🇧 victim	das Opfer	Les bons élèves sont souvent les ~[2] des brutes.
timide [timid] *m./f. adj.*	schüchtern	Les élèves ~[3] ont tous peur de la brute.
signaler qc à qn [siɲalea]	jdm etw. melden	Il faut ~ le problème au prof.
le/la chef [lə/laʃɛf]	der/die Chef/in	Mon ~ est sympa.
le médiateur / la médiatrice [ləmedjatœʀ/lamedjatʀis]	der/die Mediator/in	Quand il y a un problème, la ~ essaie de trouver une solution.
le conflit [ləkɔ̃fli] 🇬🇧 conflict	der Konflikt	La CPE doit savoir s'il y a un ~ à l'école.
confier qc à qn [kɔ̃fjea]	jdm etw. anvertrauen	À son meilleur copain on peut ~ tous ses problèmes.
personnel/personnelle [pɛʀsɔnɛl] *adj.* 🇬🇧 personal	persönlich	Un journal est un livre très ~[4].

1 seul   2 victimes   3 timides   4 personnel

Unité 5 | Volet 2

Au secours! [osəkuʀ]	Zu Hilfe!	Le taureau arrive! ~!
agresser qn [agʀese]	jdn angreifen	La brute adore ~ tout le monde.
casser la figure à qn [kaselafigyʀa] *fam.*	jdn verhauen	La brute ~¹ aux petits.
toucher qn/qc [tuʃe] 🇬🇧 to touch	jdn/etw. anfassen	Ne ~² pas le gâteau! Il est pour mamie.
faire peur à qn [fɛʀpœʀa]	jdm Angst machen	L'interro de maths me ~³.
tenir qn par le bras [təniʀpaʀləbʀa]	jdn am Arm festhalten	La mère ~ son fils ~⁴.
tenir qn/qc [təniʀ]	jdn festhalten, etw. halten *wird wie* venir *konjugiert* ▶ *Verbes, p. 167*	Tu peux ~ mon sac, s'il te plaît?
faire mal à qn [fɛʀmala]	jdm wehtun	La brute ~⁵ la petite.

Aïe! [aj]	Aua!	~! Tu me fais mal!

comme ça [kɔmsa]	so	Regarde. Il faut faire ~.
arrêter [aʀɛte]	aufhören	~[6]! Tu me fais peur!
mal finir [malfiniʀ]	schlecht ausgehen	Cette bagarre va ~.
mal [mal] *adv.* ≠ bien	schlecht	Le CD n'est pas ~.
malheureux/malheureuse [malœʀø/malœʀøz] *adj.*	unglücklich	Bilal est ~. Il ne peut pas jouer au handball demain.
pleurer [plœʀe]	weinen	Pourquoi tu ~[7]? Tu es malheureuse?
frapper qn [fʀape]	jdn schlagen	La brute adore ~ les petits.
voler qc à qn [vɔlea]	jdm etw. stehlen	Elle lui ~[8] son argent.

courageux/courageuse [kuʀaʒø/kuʀaʒøz] *adj.* 🇬🇧 courageous → encourager qn	mutig	Moi, je suis timide mais mon copain est ~[9].
hésiter [ezite] 🇬🇧 to hesitate	zögern	Il ne faut pas ~ quand on peut aider quelqu'un.
à deux contre un [adœkɔ̃tʀɛ̃]	zwei gegen einen	~, ce n'est pas courageux!
C'est honteux! [sɛɔ̃tø]	Das ist eine Schande!	Ils agressent le papi. ~!
honteux/honteuse [ɔ̃tø/ɔ̃tøz] *adj.*	beschämend, empörend	
J'y vais! [ʒivɛ]	Ich gehe hin!	– Il faut faire les courses. – ~!
dangereux/dangereuse [dɑ̃ʒʀø/dɑ̃ʒʀøz] *adj.* 🇬🇧 dangerous	gefährlich	Attention! Le chien est ~[10].

Adjektive auf *-eux* bilden die weibliche Form auf *-euse*.
Du kennst schon *malheureux/malheureuse, courageux/courageuse, honteux/honteuse*.

aller chercher qn/qc [aleʃɛʀʃe]	jdn/etw. abholen, holen *Nur das Verb* aller *wird konjugiert.*	Il ~ la ~¹¹ à la gare.
prévenir qn [pʀevniʀ]	jdn verständigen, benachrichtigen *wird wie* venir *konjugiert* ▶ *Verbes, p. 167*	Il faut les ~ qu'on n'a pas cours de maths demain.

1 casse la figure 2 touche 3 fait peur 4 tient son fils par le bras 5 fait mal à 6 Arrête 7 pleures 8 vole
9 courageux 10 dangereux 11 va la chercher

Unité 5 | Volet 3

la violence [lavjɔlɑ̃s] 🇬🇧 violence	die Gewalt	La ~ est un problème dans beaucoup d'écoles.
frapper à la porte [fʀapealapɔʀt]	an die Tür klopfen	Quelqu'un ~[1]. Tu peux ouvrir, s'il te plaît?
ne ... personne [nə...pɛrsɔn] ≠ tout le monde	niemand	Quand un copain te confie quelque chose, ~ le dis à ~[2]!

Je **ne** veux **pas** faire du volley.
Ich will nicht Volleyball spielen.

Moi, je **ne** danse **jamais.**
Ich tanze nie.

Non, je **n'**appelle **personne.**
Nein, ich rufe niemanden an.

Moi, je **ne** visite **rien.**
Ich besichtige nichts.

l'histoire [listwaʀ] f. 🇬🇧 history	die Geschichte	Tu me racontes une ~?

l'agresseur [lagʀɛsœʀ] m. → agresser qn	der Angreifer	Tu connais les ~³?
consoler qn [kɔ̃sɔle]	jdn trösten	Regarde, Marie pleure. Je vais la ~.
blessé/blessée [blese] *adj.*	verletzt	Laurent est tombé. Il est ~⁴.
dénoncer qn [denɔ̃se]	jdn anzeigen, verraten	Il faut ~ les agresseurs.
sinon [sinɔ̃]	sonst	On doit acheter du beurre, ~, on ne peut pas faire de gâteau.
harceler qn [aʀsəle]	jdn belästigen *hier:* mobben *wird wie* acheter *konjugiert* ▶ *Verbes, p. 164*	Les types ~⁵ la fille. Il faut le signaler au CPE.
aie [ɛ]	hab *Imperativ 2. Pers. Sg. von* avoir	N' ~ pas peur, je suis là.
accepter qc [aksɛpte] 🇬🇧 to accept	(etw.) akzeptieren	Il ne faut pas ~ la violence!
oser *+ inf.* [oze]	sich trauen, etw. zu tun	Je n'~⁶ pas partir seul en vacances. J'ai trop peur.
menacer qn [mənase]	jdm drohen, jdn bedrohen *wird wie* commencer *konjugiert* ▶ *Verbes, p. 164*	L'agresseur ~⁷ la victime.

la boxe [labɔks] 🇬🇧 boxing	das Boxen	Ma sœur n'aime pas la danse. Elle préfère la ~.
violent/violente [vjɔlɑ̃/vjɔlɑ̃t] *adj.* 🇬🇧 violent → la violence	gewalttätig	La bagarre a été assez ~.[8]
lâche [lɑʃ] *m./f. adj.*	feige	Frapper les plus petits, c'est ~!
faible [fɛbl] *m./f. adj.* ≠ fort/forte	schwach	Je ne peux pas porter tous les sacs. Je suis trop ~.
le témoin [lətəmwɛ̃]	der Zeuge, die Zeugin ❗ *im Französischen immer männlich*	Le ~ a tout observé.
l'agression [lagʀɛsjɔ̃] *f.* → l'agresseur *m.*	der Angriff	L'~ a eu lieu dans la rue.
le principal / la principale [ləpʀɛ̃sipal/lapʀɛ̃sipal]	der/die Schulleiter/in *eines* collège	Le ~ est le «chef» des profs.
la police [lapɔlis] 🇬🇧 police	die Polizei	Le témoin raconte tout à la ~.
sois	sei *Imperativ 2. Pers. Sg von* être	~ contente! Ton équipe a gagné tous les matchs!

rassuré/rassurée [ʀasyʀe] *adj.*	beruhigt	Tu peux être ~⁹, maman. Je vais garder Manon ce soir.
laisser qn tranquille [lesetʀɑ̃kil]	jdn in Ruhe lassen	Jérôme, ~ ta sœur ~¹⁰, elle a beaucoup de travail.
écrire (qc à qn) [ekʀiʀ]	(jdm etw.) schreiben ▶ *Verbes, p. 166*	Zoé ~ un texto ~¹⁰ Lisa.
la charte [laʃaʀt]	die Charta *hier:* Regeln für das Zusammenleben	La 4ᵉ C écrit une ~ pour une meilleure vie.

1 frappe à la porte **2** ne le dis à personne **3** agresseurs **4** blessé **5** harcèlent **6** ose **7** menace **8** violente **9** rassurée **10** laisse ta sœur tranquille **11** écrit un texto à

1 Lis les définitions puis complète les mots-croisés de l'Unité 5.

1. C'est quelque chose qu'on raconte. C'est aussi une matière à l'école.
2. C'est un conflit violent.
3. Il/Elle voit quelque chose.
4. C'est une information qu'on donne sur quelqu'un ou quelque chose.
5. C'est agir contre quelqu'un et lui faire mal.
6. C'est rigoler avec intelligence.
7. C'est un sport.
8. On la prévient quand on nous a volé quelque chose par exemple.

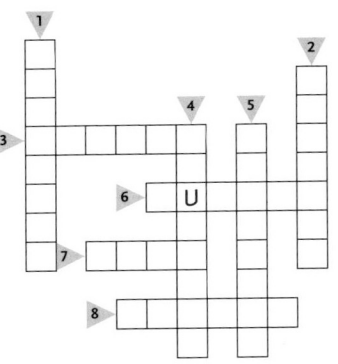

2 a Mets les lettres dans l'ordre pour former les huit adjectifs et complète la grille.

1. l c â h e
2. o u r c a e g x u
3. e s u l
4. r e v a g
5. i f a l e b
6. s a d e g n e u r e
7. m e i d i t

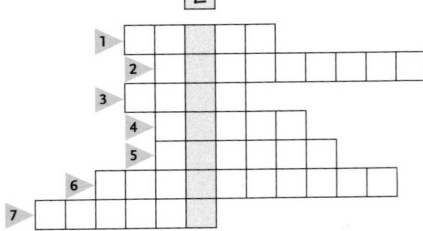

b Écris les deux mots de la même famille, puis le féminin de l'adjectif.

_____

LÖSUNG
S. 101
3 a Retrouve et écris les dix mots. Tu peux les lire de gauche à droite ou de droite à gauche. La dernière lettre à droite est toujours la première ou la dernière lettre du mot nouveau.

personnalitécrirencouragerassurétiradilostaretêrraccepterelosnocharte

_____

_____

b Complète le texte par les mot de a.

Angèle est la _____ de sa classe. Elle a beaucoup de _____ . Elle est là pour

tout le monde, agit tout le temps, on ne peut pas l'_____ . Il faut l'_____

comme elle est! Avec elle, on est _____ . Elle _____ et aide les élèves moins

bons, les _____ quand ils ont eu une mauvaise note. Enfin, elle a _____ une

« _____ de _____ à l'école».

Unité 6 | Volet 1

le Languedoc-Roussillon [ləlãgdɔkʀusijɔ̃]	*Region in Südfrankreich mit Montpellier als Hauptstadt* ▶ *Civilisation, p. 160*	Le ~ est une région en France avec des montagnes et des plages.
mille [mil] *adj.*	tausend *unveränderlich*	J'ai gagné deux ~ euros!

Die Zahlen bis 2 000 000 findest du auf S. 163.

Les années | Die Jahreszahlen

Die Jahreszahlen unter 2000 kannst du auf zweifache Weise ausdrücken:
1999 dix-neuf cent quatre-vingt-dix-neuf oder *mille neuf cent quatre-vingt-dix-neuf*

Um eine Jahreszahl als Datum anzugeben, benutzt man die Präposition *en*:
*Mon frère est né **en** 2002.*

le visage [ləvizaʒ]	das Gesicht	Cette fille a un joli ~, je trouve.
la capitale [lakapital] 🏴󠁧󠁢󠁥󠁮󠁧󠁿 capital	die Hauptstadt	Paris est la ~ de la France.

l'habitant / l'habitante [labitā/labitāt] *m./f.* 🇬🇧 inhabitant → habiter	der/die Einwohner/in	Les ~¹ de Paris s'appellent les Parisiens.
le paysage [ləpeizaʒ]	die Landschaft	Les ~² en Camargue sont magnifiques.
le million [ləmiljɔ̃] 🇬🇧 million	die Million	Il a gagné deux ~³! Quelle chance!
vous vous baignez [vuvubeɲe]	ihr badet *2. Pers. Pl. von* se baigner	– ~ souvent dans le lac? – Non, on préfère aller à la plage.
(ê) **se baigner** [səbeɲe]	baden ▶ *Verbes, p. 167*	On va à la plage pour ~.
la station balnéaire [lastasjɔ̃balneɛʀ]	der Badeort	Une ~ est une ville avec une plage qui attire beaucoup de monde.
la Grande-Motte [lagʀɑ̃dmɔt]	*Badeort in der Nähe von Montpellier* ▶ *Civilisation, p. 160*	
construit/construite [kɔ̃stʀɥi/kɔ̃stʀɥit] *adj.*	erbaut	Voilà un monument du Moyen-Âge, ~⁴ en 1234.
le rugby [ləʀygbi]	das Rugby	Le ~ est un sport qu'on joue avec un ballon.

le **Montpellier Hérault Rugby** [ləmɔ̃pəljeeʀɔʀygbi]	erster Rugbyclub von Montpellier	
(ê) **s'entraîner** [sɑ̃tʀene] → l'entraîneur / l'entraîneuse *m./f.*	trainieren ▶ *Verbes, p. 167*	Pour gagner, il faut ~ tous les jours.
(ê) **devenir** [dəvəniʀ]	werden *wird wie* venir *konjugiert* ▶ *Verbes, p. 167*	Je rêve de ~ célèbre.
le **champion** / la **championne** [ləʃɑ̃pjɔ̃/laʃɑ̃pjɔn] 🇬🇧 champion	der Champion	Camille Muffat est une ~ de natation.
le **monument** [ləmɔnymɑ̃] 🇬🇧 monument	das Bauwerk	À Paris, il y a beaucoup de ~[5] célèbres.
romain/romaine [ʀɔmɛ̃/ʀɔmɛn] *adj.* 🇬🇧 roman	römisch	Ce monument ~[6] est magnifique!
le **pont du Gard** [ləpɔ̃dygaʀ]	*römischer Aquädukt in Südfrankreich* ▶ *Civilisation, p. 161*	Le ~ est un monument du Languedoc-Roussillon.
les **arènes de Nîmes** [lezaʀɛndənim] *f. pl.*	*römisches Amphitheater in der französischen Stadt Nîmes*	Les ~ sont un monument romain qui attire beaucoup de touristes.
les **arènes** [lezaʀɛn] *f. pl.*	die Arena	Le taureau entre dans les ~.

Nîmes [nim]	*französische Stadt in der Region Languedoc-Roussillon* ▶ *Civilisation, p. 161*	
l'époque [lepɔk] *f.*	die Zeit, die Epoche	À l'~ romaine, Rome est une ville très importante.
amener qn/qc [aməne]	jdn/etw. mitbringen *hier:* leiten *wird wie* acheter *konjugiert* ▶ *Verbes, p. 164*	Est-ce que je peux ~ ma copine à la fête?
le gladiateur [ləgladjatœʀ] 🇬🇧 gladiator	der Gladiator	À l'époque romaine, les gens vont aux arènes pour voir les ~[7].
la personne [lapɛʀsɔn] 🇬🇧 person	die Person	3000 ~[8] sont venues au festival.
le/la même [lə/lamɛm] *m./f. adj.*	der-/die-/dasselbe, der/die/das gleiche	Marie porte les ~[9] vêtements que moi: un jean et un pull vert.
la corrida [lakɔʀida]	der Stierkampf	Dans une ~, le toréro lutte contre un taureau.
le concert [ləkɔ̃sɛʀ] 🇬🇧 concert	das Konzert	Le ~ de Soprano a été génial!

la cité de Carcassonne [lasitedəkaʀkasɔn]	*mittelalterliche Festungsstadt in der Region Languedoc-Roussillon* ▶ *Civilisation, p. 159*	
la cité [lasite] 🏴 city	die Stadt	«La ~» est un autre mot pour «la ville».
exister [ɛgziste] 🏴 to exist	existieren	Les férias de Nîmes ~¹⁰ depuis longtemps.
⁽ᵉ⁾ **se trouver** [sətʀuve]	sich befinden	Les toilettes ~¹¹ à côté du secrétariat.
la forteresse [lafɔʀtəʀɛs] 🏴 fortress → fort/forte	die Festung	Pour entrer dans la ~, on doit traverser un pont.
l'Europe [løʀɔp] *f.* 🏴 Europe	Europa	Quelle équipe va être championne d'~ ?
le rempart [ləʀɑ̃paʀ]	die Stadtmauer	Derrière les ~¹² de la ville, les habitants sont tranquilles.
le kilomètre [ləkilomɛtʀ]	der Kilometer	Combien de ~¹³ est-ce qu'il y a entre Montpellier et Paris?

^(ê) **se promener** [səpʀɔmne]	spazieren gehen ▶ *Verbes, p.167*	Quand il fait beau, les gens ~¹⁴ dans les parcs.
le mur [ləmyʀ]	die Mauer, die Wand	Les quatre ~¹⁵ de ma chambre sont rouge, bleu, vert et jaune.
la tradition [latʀadisjɔ̃] 🇬🇧 tradition	die Tradition	Les corridas sont une ~ de la ville de Nîmes.
la féria [lafeʀja]	*Straßenfest in Südfrankreich mit spanischen Einflüssen*	Des toréros célèbres luttent à Nîmes, quand il y a une ~.
Béziers [bezje]	*französische Stadt in der Region Languedoc-Roussillon* ▶ *Civilisation, p.159*	
plusieurs [plyzjœʀ] *adj. pl.*	mehrere	Mon oncle a ~ chiens. Il adore les animaux!
^(ê) **s'amuser** [samyze]	sich amüsieren, Spaß haben ▶ *Verbes, p.167*	Tu ~¹⁶ bien?
lâcher qn/qc [lɑʃe]	jdn/etw. loslassen	~¹⁷ ta sœur, Sophie! Tu vas lui faire mal.

^(è) **se retrouver** [sərətruve]	sich treffen ▶ *Verbes, p.167*	– On ~¹⁸ chez toi? – D'accord.

> 1 habitants 2 paysages 3 millions 4 construit 5 monuments 6 romain 7 gladiateurs 8 personnes
> 9 mêmes 10 existent 11 se trouvent 12 remparts 13 kilomètres 14 se promènent 15 murs
> 16 t'amuses 17 Lâche 18 se retrouve

Unité 6 | Volet 2

la légende [laleʒɑ̃d] 🇬🇧 legend	die Legende	Tu connais la ~ du chien vert?
le marchand / la marchande [ləmarʃɑ̃/lamarʃɑ̃d]	der/die Händler/in	Tu connais un ~¹ de fruits dans le quartier?
la cage [lakaʒ] 🇬🇧 cage	der Käfig	Cet animal est dans une ~ parce qu'il est dangereux.
le château de Margon [ləʃatodəmargɔ̃]	*Schloss im Languedoc-Roussillon, südwestlich von Montpellier* ▶ *Civilisation, p.160*	Nous allons visiter le ~.
^(è) **se souvenir de qn/qc** [səsuvnirdə]	sich an jdn/etw. erinnern ▶ *Verbes, p.167*	Tu ~² de nos vacances en Belgique?

^(ê) **se passer** [səpase]	geschehen, spielen ▶ *Verbes, p. 167*	Le film ~³ à l'époque romaine.
jeune [ʒœn] *m./f. adj.* → le/la jeune	jung	Ma mère est ~. Elle a 33 ans.
l'homme / les hommes ❗ [lɔm/lezɔm] *m.*	der Mann, der Mensch	– Qui est cet ~, là-bas? – C'est notre nouveau prof d'EPS.
^(ê) **s'appeler** [saple]	heißen ▶ *Verbes, p. 167*	Ma tante ~⁴ Ariane.
vendre qc (à qn) [vãdʀ] ≠ acheter	(jdm) etw. verkaufen *wird wie* attendre *konjugiert* ▶ *Verbes, p. 165*	J'ai trop de CD que je n'écoute plus. Je vais les ~.
l'oiseau / les oiseaux ❗ [lwazo/lezwazo] *m.*	der Vogel	La perruche est un ~.
le marché [ləmaʀʃe] 🇬🇧 market → le supermarché, le marchand	der Markt	Je vais au ~ pour acheter des fruits. C'est plus sympa que le centre commercial.
pauvre [povʀ] *m./f. adj.*	arm	Quelqu'un qui n'a pas beaucoup d'argent est ~.
le printemps [ləpʀɛ̃tã]	der Frühling	Au ~, des oiseaux chantent partout.

(ê) se poser [səpoze] → poser qc	sich niederlassen ▶ *Verbes, p.167*	La perruche ~[5] sur le mur.
je t'offre [ʒətɔfʀ]	ich schenke dir *1. Pers. Sg. von* offrir	– ~ ce livre. – Oh, merci!
offrir qc à qn [ɔfʀiʀa] 🇬🇧 to offer	jdm etw. schenken, anbieten ▶ *Verbes, p.167*	– Tu as déjà un cadeau pour Laure? – Oui, je vais lui ~ un jeu vidéo.
bien d'autres choses [bjɛ̃dotʀʃoz]	noch viel mehr	Pour le petit-déjeuner, on a du pain, du beurre et ~!
disparaître [dispaʀɛtʀ] 🇬🇧 to disappear	verschwinden *wird wie* connaître *konjugiert* ▶ *Verbes, p.166*	L'agresseur a volé tout l'argent et après, il a ~[6].
cela [səla]	das	Qu'est-ce que ~ veut dire?
le mariage [ləmaʀjaʒ] 🇬🇧 marriage	die Hochzeit	Le ~ de Marion et Cédric a lieu à la cathédrale.
l'invité / l'invitée [lɛ̃vite] *m./f.* → inviter qn, l'invitation *f.*	der Gast	Tous les ~[7] sont contents: la fête est super!
le musicien / la musicienne [ləmyzisjɛ̃/lamyzisjɛn] → la musique	der/die Musiker/in	La ~[8] joue du piano.

le marié / la mariée [ləmaʀje/lamaʀje] → le mariage	der Bräutigam, die Braut	Le ~⁹ est malheureux: la ~¹⁰ n'est pas venue!
la scène [lasɛn] 🇬🇧 scene	die Szene	La ~ se passe au café.
la proposition [lapʀɔpozisjɔ̃] 🇬🇧 proposition → proposer qc (à qn)	der Vorschlag	Je te fais une ~: Tu m'aides en maths et je t'aide en allemand.
échanger qc contre qc [eʃɑ̃ʒekɔ̃tʀ] 🇬🇧 to exchange	etw. gegen etw. tauschen *wird wie* manger *konjugiert* ▶ *Verbes, p. 164*	– Bof! Je n'aime pas mon dessert. – J'~ ma pomme ~¹¹ ton yaourt, si tu veux.
magique [maʒik] *m./f. adj.* 🇬🇧 magic	magisch	C'est un chat ~. Il parle comme un homme.
furieux/furieuse [fyʀjø/fyʀjøz] *adj.* 🇬🇧 furious	wütend	Mon frère est ~¹² parce que je suis plus grande que lui.
épouser qn [epuze]	jdn heiraten	Cédric veut ~ Marion parce qu'il l'aime.
l'œil / ⚠ les yeux [lœj/lezjø] *m.*	das Auge	Elle a des ~¹³ verts.

les cheveux [leʃvø] *m. pl.*	die Haare	– J'aime bien tes ~. Ils sont très jolis. – Merci!
l'or [lɔʀ] *m.*	das Gold	Le monsieur qui habite au château a un tas d'~!
intéresser qn [ɛ̃teʀese] 🇬🇧 to interest → intéressant, intéressante	jdn interessieren	L'exposition sur Montpellier m'~.[14] J'y vais demain.
heureux/heureuse [øʀø/øʀøz] *adj.* ≠ malheureux/malheureuse	glücklich	Le marié est ~.[15] La mariée est là!
riche [ʀiʃ] *m./f. adj.* 🇬🇧 rich ≠ pauvre	reich	Elle a beaucoup d'or. Elle est très ~.
(ê) **s'énerver** [seneʀve] → Tu m'énerves!	sich aufregen	– Mais où est-ce que j'ai mis les clés?! – Il ne faut pas ~ comme ça. Regarde, elles sont là.
être capable de + *inf.* [ɛtʀkapabldə]	fähig sein, etw. zu tun	Ne confie pas tes problèmes à Sylvie. Elle ~[16] les raconter à tout le monde.

| **ouvrir qc** [uvʀiʀ] | etw. öffnen *wird wie* offrir *konjugiert* ▶ *Verbes, p.165* | Madame, je peux ~ la fenêtre, s'il vous plaît? Il fait chaud ici. |
| (ê) **s'envoler** [sãvɔle] | davonfliegen ▶ *Verbes, p.167* | N'ouvre pas la cage! L'oiseau va ~! |

❗ Merke:
Folgende Verben sind im Französischen reflexiv, im Deutschen nicht: Hier ist es umgekehrt:

se baigner   = baden
se passer   = geschehen, spielen   bouger = sich bewegen
se promener = spazieren gehen

---

1 marchand   2 te souviens   3 se passe   4 s'appelle   5 se pose   6 disparu   7 invités   8 musicienne   9 marié   10 mariée   11 échange ma pomme contre   12 furieux   13 yeux   14 m'intéresse   15 heureux   16 est capable de

LÖSUNG
S. 102

1 a Tu visites avec tes parents le Languedoc-Roussillon. Complète le texte.

Bonjour à tous! On est devant les _____ . À l'_____ romaine, des _____ ont lutté ici contre des taureaux! Et ce soir, vous aussi vous allez voir une vraie _____ . Les toréros _____ longtemps pour savoir comment réagir devant les animaux qu'on _____ devant eux. Après, un magnifique _____ a lieu au même endroit. Demain, on part à Montpellier, la _____ de la région qui compte 225 000 _____ . Et l'après-midi, vous allez pouvoir vous _____ en Camargue. On va partir à la découverte des _____ magnifiques que le Languedoc-Roussillon nous _____ .

b Utilise les mots surlignés de a pour comprendre le code et trouver la solution.

Le code:

___ 1 ___ 2 ___ 3 ___ 4 ___ 5

___ 3 ___ 6 ___ 7 ___ 8 ___ 9 ___ 6 ___ 1 ___ 5

___ 4 ___ 6 ___ 10 ___ 8 ___ 9 ___ 6 ___ 11 ___ 9 ___ 12

___ 7 ___ 13 ___ 14 ___ 15 ___ 5 ___ 11 ___ 5 ___ 13

___ 7 ___ 6 ___ 16 ___ 12 ___ 6 ___ 17 ___ 5 ___ 12

1 = ___   6 = ___   11 = ___   16 = ___

2 = ___   7 = ___   12 = ___   17 = ___

3 = ___   8 = ___   13 = ___

4 = ___   9 = ___   14 = ___

5 = ___   10 = ___   15 = ___

c Voilà un code: écris la solution.

<u>1-5</u>   <u>15</u>   <u>14</u>   <u>16</u>   <u>5</u>   <u>11</u>   <u>2</u>   <u>17</u>   <u>5</u> :

_____

LÖSUNG
S. 103

2 a Retrouve des verbes à l'infinitif de l'Unité 6.

1. A A D E I Î P R R S T = _____
2. E É P O R S U   = _____
3. I O R R U V   = _____
4. ' E E L N O R S V   = _____
5. A C E É G H N R   = _____
6. F F I O R R   = _____
7. ' E E É N R R S V = _____
8. D E E N R V   = _____

b Complète les phrases par la forme correcte des verbes de a.

A ☐ L'homme _____ Isabelle contre l'oiseau parce qu'il est magique.

B ☐ Joan va au château de Margon où un homme va _____ la jeune et belle Isabelle.

C ☐1 Joan est un marchand qui _____ des cages à oiseaux.

D ☐ À la fin, l'oiseau _____ la porte de sa cage et _____.

E ☐ Un jour, un homme lui _____ un oiseau magique, puis il _____.

F ☐ Mais le marié _____ bientôt parce que l'oiseau ne réagit pas quand il lui parle.

Les mots pour le dire

A Über sich sprechen

1 Sich vorstellen

Unité 1 Moi, c'est Marie. Et toi?

Je m'appelle Nicolas.

J'ai 13 ans.

Je suis en cinquième.

Je viens d'Alsace.

Je suis né à Strasbourg.

J'habite à Montpellier depuis trois ans.

Mon père est prof.

Ma mère travaille dans une librairie.

Est-ce que tu as des frères et sœurs?

J'ai un frère et une sœur.

J'ai deux animaux: un chat et une tortue.

Dans ma chambre, il y a une étagère avec ma collection de bédés.

Ma matière préférée, c'est le dessin.

Unité 3 Je suis plutôt calme.

Unité 6 J'ai les yeux verts.

J'ai les cheveux noirs.

2 Über seinen Kleidungsstil sprechen

Unité 3

Mon look est sportif.

Je suis accro à la mode.

La mode est très importante pour moi.

Moi, je préfère avoir mon style.

J'adore mettre des pantalons noirs.

Les vêtements que je préfère ce sont les tee-shirts et les jeans.

Je porte souvent des baskets de marque.

Moi, je ne fais pas attention aux marques.

Mes affaires sont aussi jolies que les trucs de marque.

3 Über Hobbys und Vorlieben sprechen

Unité 3

Mon hobby, c'est la natation.

Le jeudi, je joue au handball dans un club.

J'ai commencé à neuf ans.

Moi, je joue de la guitare.

Mon style de musique préféré, c'est le rock.

Mon truc, c'est la batterie.

J'aime les films d'aventure.

J'aime retrouver mes copains.

Je lis beaucoup.

J'adore écouter ma musique avec mon casque!

Ça me plaît parce que je suis dans mon monde.

Je voudrais faire du beach-volley.

4 Über seinen Lieblingsort sprechen

Unité 1   Le coin que je préfère, c'est mon quartier.

La place de la Comédie, c'est l'endroit idéal pour retrouver les copains.

Le Planétarium est un endroit fantastique pour les gens qui aiment les étoiles.

J'aime la ville avec ses rues piétonnes.

J'adore aller à la plage.

Notre région est fantastique!

J'aime Montpellier parce que la ville se trouve entre la mer et les montagnes.

5 Über sein Idol sprechen

Unité 3   Camille Muffat, c'est la meilleure!

Unité 4   Elle a gagné toutes les médailles.

Unité 3   Je suis fan de la chanteuse Tal.

Je trouve qu'elle a une belle voix.

Moi, j'écoute Barrio Populo. Ce groupe a des rythmes incroyables!

J'aime beaucoup le nouvel album de Nolwenn Leroy.

Cet acteur est génial, il a joué dans beaucoup de films différents.

Unité 6   William Accambray est un champion de handball.

C'est un des meilleurs sportifs de France.

B Mit anderen sprechen

1 Seine Meinung äußern

Unité 1   C'est une musique idéale pour danser.

Unité 2   Ça ne fait rien.

Ça m'énerve.

C'est une idée idiote.

C'est une histoire incroyable.

Unité 3   Je trouve que ça va trop loin.

Je pense que c'est la meilleure solution.

Pour moi, c'est la chose la plus importante.

Pour moi, c'est la chose la plus terrible.

À mon avis, ça va marcher.

Il ne faut pas exagérer.

Tu as raison.

Ce n'est pas vrai.

Unité 5   Il faut faire quelque chose, sinon ils vont recommencer.

Je trouve ça nul.

Pour moi, on ne peut pas accepter ça.

C'est trop dangereux.

Unité 6   Comment oses-tu faire cela? C'est honteux.

2 Ratschläge geben

Unité 3   Il ne faut pas baisser les bras.

Il faut trouver des arguments.

Tu peux peut-être limiter tes appels.

Est-ce que tu as parlé avec ton prof?

Reparle de ton problème à tes parents.

Bonne chance!

Essaie!

Unité 5   Ne fais pas attention à eux.

Ne reste pas seul.

On pourrait aller voir le médiateur?

On t'agresse? N'hésite pas: appelle au secours.

3 Über Vergangenes sprechen

Unité 2   Qu'est-ce que tu as fait hier?

J'ai fait un truc incroyable!

Je n'ai rien fait de spécial.

D'abord, j'ai rangé ma chambre.

Ensuite, je suis parti faire une balade à vélo.

L'après-midi, j'ai un peu dormi.

Tout à coup, j'ai entendu mon frère crier.

J'ai juste eu le temps de prendre mes jambes à mon cou.

FEC   Pardon? Je n'ai pas compris pas.

C'est à moi?

On n'entend pas, est-ce que vous pouvez mettre le son plus fort, s'il vous plaît?

Est-ce que vous pouvez expliquer encore une fois, s'il vous plaît?

Unité 6   Que dites-vous?

De quoi parlez-vous?

Unité 4   Elle dit que vous avez très bien chanté.

Il demande si la piscine ouvre le dimanche.

Il veut savoir si tout le monde est là.

C Über Essen und Trinken sprechen

Unité 2   Qu'est-ce que vous avez apporté pour le pique-nique?

Moi j'ai préparé des sandwichs.

Il n'y a plus rien!

Unité 4   Est-ce que tu connais la tarte au riz?

C'est une spécialité belge.

Qu'est-ce qu'il faut acheter pour le buffet?

Il faut des boissons.

On pourrait acheter du fromage aussi.

Il n'y a plus de charcuterie.

Ça a l'air bon tout ça!

Tu peux poser les plats sur la table, merci.

Tu veux du coca ou de l'eau minérale?

D Einen Weg beschreiben

1 Nach dem Weg fragen

Unité 4   Pardon, Monsieur, pour aller à l'auberge de jeunesse, s'il vous plaît?

S'il vous plaît, quel chemin est-ce qu'il faut prendre pour aller à la gare?

2 Den Weg beschreiben

Unité 4   Pour aller à la gare, vous prenez la deuxième rue à droite. **1**

Vous continuez toujours tout droit. **2**

Vous prenez la première rue à gauche. **3**

Vous allez jusqu'au carrefour.

Au feu rouge, vous tournez à droite.

Au deuxième carrefour, vous allez voir une grande terrasse de café.

Vous traversez la place et vous y êtes. **4**

Unité 4

L'équipe est forte.

La défense réagit bien.

L'attaque est très rapide.

Le gardien de but est formidable.

Les joueurs ont lutté jusqu'au bout.

Ils ont souvent pu garder le ballon.

L'arbitre a donné un carton jaune à un joueur.

L'arbitre a vu toutes les fautes.

Les Français ont perdu en finale contre l'équipe allemande.

La rencontre a lieu en Belgique.

Ils vont en demi-finale.

Le joueur n° sept a marqué tous les buts.

Le jeu n'a pas été facile.

Les fans ont longtemps applaudi leur équipe.

Quel score est-ce qu'ils ont fait?

Ils ont gagné le match avec un score de deux à zéro.

Ils ont perdu treize à vingt.

C'est le plus grand tournoi du monde.

La remise des médailles a lieu à 18 heures.

L'entraîneur encourage ses joueurs.

Les organisateurs comptent sur le retour du beau temps.

Après un match gagné, c'est toujours la fête dans les vestiaires.

F Eine Region vorstellen

Unité 1 C'est une région magnifique.

C'est un endroit très touristique.

Montpellier se trouve entre la mer Méditerranée et les Cévennes.

Les plages de Carnon et Palavas-les-Flots attirent beaucoup de monde.

En été, il y a beaucoup de festivals de danse et de musique.

Unité 6 La capitale de la région, c'est Montpellier.

La ville de Montpellier compte 255 000 habitants.

C'est une ville de traditions.

Le pont du Gard est le monument le plus célèbre de la région.

Il y a plusieurs monuments de l'époque romaine dans le coin.

Des concerts ont lieu dans les arènes de Nîmes.

La région est connue pour ses stations balnéaires.

Pour se baigner, l'endroit est idéal.

Le canal du Midi est un des plus beaux chemins touristiques de France.

Venez voir les différents visages de la Camargue.

On l'appelle la région aux mille lacs.

On peut se promener dans des paysages magnifiques.

G Ein Ereignis zeitlich einordnen

Unité 2   Tout à coup, on n'a plus rien entendu.

C'était trop tard pour voir le film.

On a juste eu le temps de rentrer avant la nuit.

Unité 4   La finale va commencer tout à l'heure.

Unité 5   D'habitude je suis plus courageuse, mais là, j'hésite.

Unité 6   Cette histoire se passe au Moyen-Âge.

La Grande Motte a été construite en 1967.

À cette époque, le train rapide Paris-Toulouse existe déjà.

La feria de Nîmes a lieu tous les ans.

Deux millions de touristes par an visitent la Cité de Carcassonne.

À la fin, ils repartent heureux ensemble.

L'oiseau magique s'envole pour toujours.

Un jour, il est parti et on ne l'a plus revu.

HISTOIRE

Antiquité J.-C. Époque Romaine 500 Moyen Âge 1700 1789 Temps modernes

VERCINGÉTORIX CHARLEMAGNE JEANNE D'ARC LOUIS XIV

Solutions

Unité 1 | p. 14–15

1 **à:** – jouer au ping-pong
– venir à Rome
– être né à Rome
– partir à Rome

de: – jouer de l'accordéon
– venir de Rome
– partir de Rome
– faire de la natation

en: – partir en randonnée
– partir en week-end

2 attire – branchée – dehors – terrasses – cafés – gens – shopping – vieille – idéale – sortir – magnifique

3 1. C'est à moi?
2. Je n'ai pas fini l'exercice.
3. Nous avons oublié le livre.
4. Nous avons écrit autre chose.

1 Qu'est-ce que Zoé a **fait** samedi? La journée a bien **commencé**. Ses amis sont d'abord **venus** chez elle, puis ils sont **partis** à la plage. Zoé a **oublié** ses clés sur la table, mais ça, elle l'a **vu** plus tard. Bilal a **raconté** beaucoup de blagues, mais les amis n'ont plus beaucoup **rigolé** quand Zoé n'a pas **trouvé** les sandwichs dans son sac! Ensuite, il n'a plus fait beau. À cause de ça, les amis n'ont pas **pu** manger le gâteau, alors ils sont **rentrés** à la maison. Et là, surprise …

2 **le**: <u>taureau</u>, <u>champ</u>, <u>chemin</u>, <u>repas</u>
   la: fin, <u>peur</u>, voiture, <u>catastrophe</u>
   quelque chose: dessiner, terminer, ranger, <u>photographier</u>
   être: <u>fatigué</u>, <u>tombé</u>, <u>venu droit sur qn</u>, malade

3 1. lange longtemps   3. endlich enfin   5. spät   tard
  2. vor   il y a   4. plötzlich tout à coup 6. grade noch juste

Unité 3 | p. 42–43

1 **A** Il porte une chemise et un pantalon.
   B Il porte un pantalon avec un tee-shirt et une chemise.
   C Il porte un jean, un tee-shirt et des baskets.
   D Il porte un pantalon, une chemise et un pull.

2 1. Nathan a un style plutôt **sportif**.
   2. Félix a des résultats **catastrophiques** à l'école.
   3. Pour Zoé, les marques ne sont pas **importantes**.
   4. Bilal trouve que le **meilleur** style de musique, c'est le rock.
   5. Quelle **solution** est-ce que tu proposes?
   6. Pour son anniversaire, Zoé a eu une **robe** bleue.
   7. Zut, la photo n'est pas bonne, on a **bougé**.

3 **a** 1. a pair of jeans – un jean
      2. a test – un test
      3. a magazine – un magazine
      7. an actress – une actrice
      8. a rhythm – un rythme
      9. an object – un objet

4. blue – bleu
5. a pullover – un pull-over
6. to exaggerate – exagérer

10. a bus – un bus
11. a voice – une voix
12. to limit – limiter

b un test, un magazine, un bus

Unité 4 | p. 58–59

1

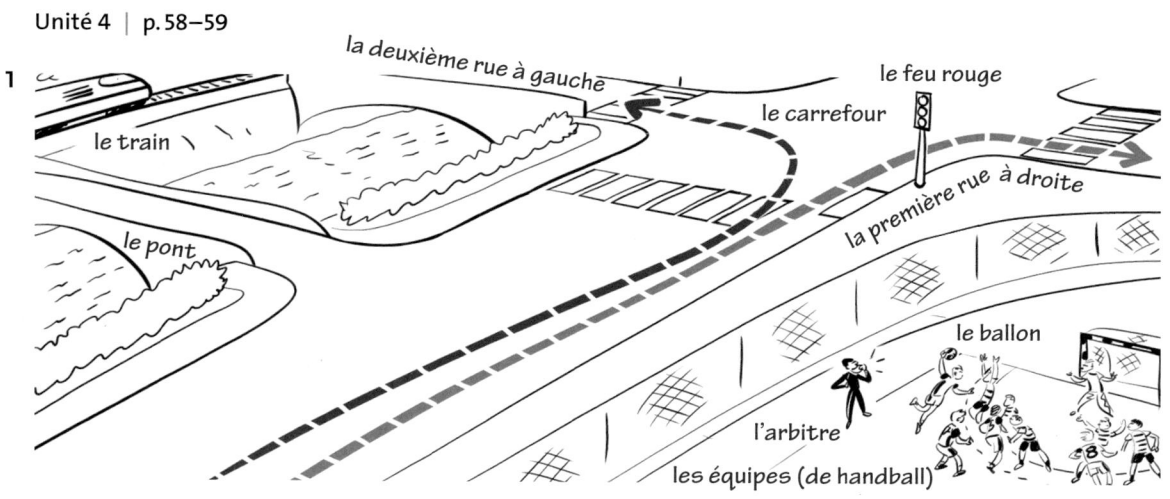

la deuxième rue à gauche

le feu rouge

le carrefour

le train

la première rue à droite

le pont

le ballon

l'arbitre

les équipes (de handball)

2 a 1. le plat
2. la tarte
3. le fromage
4. la boisson
5. la spécialité
6. la charcuterie

b 1. fort = stark
2. jaune = gelb
3. réussir = es schaffen, gelingen
4. l'attaque = der Angriff, der Angriffspieler
5. l'entraîneur = der Trainer
6. recommencer = wieder anfangen, etw. noch einmal tun

Unité 5 | p. 70–71

1 1. C'est quelque chose qu'on raconte. C'est aussi une matière à l'école. → **histoire**
2. C'est un conflit violent. → **bagarre**
3. Il/Elle voit quelque chose. → **témoin**
4. C'est une information qu'on donne sur quelqu'un ou quelque chose. → **nouvelle**
5. C'est agir contre quelqu'un et lui faire mal. → **violence**

6. C'est rigoler avec intelligence. → **humour**
7. C'est un sport. → **boxe**
8. On la prévient quand on nous a volé quelque chose par exemple. → **police**

2 a 1. lâche   5. faible
2. courageux   6. dangereuse
3. seul   7. timide
4. grave

b le courage, courageux, courageuse

3 a personnalit**é**, **é**crire, **e**ncourager, **r**assuré, **s**olidarité, **s**tar, **a**rrêter, **a**ccepter, **c**onsoler, **c**harte

b/c
Angèle est la **star** de sa classe. Elle a beaucoup de **personnalité**. Elle est là pour tout le monde, agit tout le temps, on ne peut pas l'**arrêter**. Il faut l'**accepter** comme elle est! Avec elle, on est **rassuré**. Elle **encourage** et aide les élèves moins bons, les **console** quand ils ont eu une mauvaise note. Enfin, elle a **écrit** une «**charte** de **solidarité** à l'école».

Unité 6 | p. 84–85

1 a Bonjour à tous! On est devant les **arènes**. À l'**époque** romaine des **gladiateurs** ont lutté ici contre des taureaux! Et ce soir, vous aussi vous allez voir une vraie **corrida**. Les toréros **s'entraînent** longtemps pour savoir comment réagir devant les animaux qu'on **lâche** devant eux.

Après, un magnifique **concert** a lieu au même endroit.

Demain, on part à Montpellier, la **capitale** de la région qui compte 225 000 **habitants**. Et l'après-midi, vous allez pouvoir vous **promener** en Camargue. On va partir à la découverte des **paysages** magnifiques que le Languedoc-Roussillon nous **offre**.

b

1 = L	6 = A	11 = N	16 = Y
2 = Â	7 = P	12 = S	17 = G
3 = C	8 = I	13 = R	
4 = H	9 = T	14 = O	
5 = E	10 = B	15 = M	

c 15 15 14 16 5 11   2 17 5 = Le Moyen-Âge

2 a 1. disparaître 5. ouvrir
  2. échanger 6. s'énerver
  3. épouser 7. s'envoler
  4. offrir 8. vendre

 b A échange
  B épouser
  C vend
  D ouvre, s'envole
  E offre, disparaît
  F s'énerve

 c C E B A F D

À plus! 2
Vokabeltaschenbuch

Im Auftrag des Verlages erarbeitet von: Dr. Martina Sobel

und der Redaktion Französisch: Vanessa Cousin, Christoph Haschka (technische Assistenz)

Illustrationen: Laurent Lalo
Umschlaggestaltung und Layoutkonzept: werkstatt für gebrauchsgrafik, Berlin
Layout und technische Umsetzung: Rotraud Biem, Berlin

www.cornelsen.de

2. Auflage, 2. Druck 2022

© 2013 Cornelsen Schulverlag GmbH, Berlin
© 2017 Cornelsen Verlag GmbH, Berlin

Druck: H. Heenemann, Berlin

ISBN: 978-3-06-520189-6

PEFC zertifiziert
Dieses Produkt stammt aus nachhaltig
bewirtschafteten Wäldern und kontrollierten
Quellen.

www.pefc.de

PEFC/04-31-1156